Italian Vocabulary Drills

David M. Stillman, PhD
Tiziano Cherubini, MA
and Ronni L. Gordon, PhD

Mc
Graw
Hill
Education

New York   Chicago   San Francisco   Athens   London   Madrid
Mexico City   Milan   New Delhi   Singapore   Sydney   Toronto

1 2 3 4 5 6 7 8 9 10 11 12 13   QVS/QVS   1 0 9 8 7 6 5 4

ISBN   978-0-07-182377-7
MHID   0-07-182377-8

e-ISBN   978-0-07-182378-4
e-MHID   0-07-182378-6

Library of Congress Control Number 2014935322

McGraw-Hill Education products are available at special quantity discounts to use as premiums and sales promotions or for use in corporate training programs. To contact a representative, please visit the Contact Us pages at www.mhprofessional.com.

Companion Flashcard App
Flashcard sets for additional practice can be found in the McGraw-Hill Education Language Lab app. Go to mhlanguagelab.com for details on how to access this free app, which is available for Apple and Android tablet and mobile devices, as well as computer via web browser (best viewed with Chrome or Safari browser).

For Alex and Mimi,
whose brilliance and love illuminate and inspire every word we write.
David M. Stillman
Ronni L. Gordon

In memory of Marta Losito, my elementary school teacher,
who gave me the gift of words. Grazie, maestra Marta.
Tiziano Cherubini

Contents

Preface

"When I use a word," Humpty Dumpty said in rather a scornful tone, "it means just what I choose it to mean—neither more nor less."
Through the Looking Glass, LEWIS CARROLL

Italian Vocabulary Drills is designed to provide beginning and intermediate learners of Italian with essential vocabulary that will enable them to carry on conversations in Italian, read a wide variety of materials, and write on a broad range of topics in the language.

Italian Vocabulary Drills goes beyond the basic vocabulary found in most first- and second-year textbooks. To this basic vocabulary, we have added high-frequency words and expressions that make it possible for learners of Italian to express themselves effectively and confidently on everyday topics such as food, clothing, the house, the daily routine, work, travel, entertainment, and leisure activities, as well as topics of a higher intellectual level—science, the computer, technology, the economy, and intellectual and spiritual life.

Structure and features

Italian Vocabulary Drills has 15 chapters, each built around a specific theme. Each chapter has titled sections that present groupings of similar words. Instead of presenting words in isolation, we introduce them in a meaningful context that makes learning and remembering new vocabulary easier and more productive.

Language boxes In each chapter, there are brief lexical, grammatical, and cultural explanations prompted by certain words or expressions presented. These explanations enhance the study of Italian vocabulary by deepening the learner's appreciation of the language and its culture.

Per parlare un italiano autentico and ***Proverbi, espressioni e citazioni*** These unique sections of idiomatic usage are designed to reinforce and expand the vocabulary presented in the chapter by preparing the learner for interaction with native speakers of Italian. We include sayings, expressions, and quotations in Italian that enrich and broaden the learner's knowledge of the Italian language.

Exercises The exercises at the end of each chapter help you master the vocabulary introduced. There is a great variety of exercise types from controlled to free expression: multiple choice, fill-in, matching, classification, word families, composition, oral presentation, and translation.

Answer key An answer key for the exercises facilitates self-study.

App *Italian Vocabulary Drills* offers an all-purpose vocabulary app that allows the learner to study 450 words and expressions using digital flashcards. The app is compatible with portable devices, so it can be used anytime, anywhere. Visualization of the words on flashcards increases the learner's ability to remember and internalize new vocabulary. This is a very effective and enjoyable way to learn and review vocabulary. See the copyright page for information on how to access the McGraw-Hill Education Language Lab app.

Italian Vocabulary Drills gives beginners the words and phrases they need to construct simple paragraphs and oral presentations and furnishes intermediate learners with the lexical tools they need to express themselves in more complex writing tasks and oral presentations on a wide variety of topics. Even the most advanced learners will find this book helpful. User-friendly, it is ideal for learners working on their own or as an ancillary for students using a textbook in a classroom setting. Chapters may be covered in any order, making the book compatible with all texts, types of curricula, and classroom approaches, and facilitating the individualization of vocabulary practice.

David M. Stillman, PhD
Tiziano Cherubini, MA
Ronni L. Gordon, PhD

Guide to gender notation in this book

Italian nouns are divided into two broad classes called genders: masculine and feminine. In vocabulary lists, the gender of nouns is usually indicated by the definite article.

- **il** for masculine nouns that begin with a consonant
- **lo** for masculine nouns that begin with **s-** + consonant, with **z-**, or with the consonant cluster **pn-** or **ps-**
- **la** for feminine nouns that begin with a consonant

city hall	il municipio
student	lo studente
sugar	lo zucchero
library	la biblioteca

Italian nouns ending in **-o** are, with few exceptions, masculine, and Italian nouns ending in **-a** are, with few exceptions, feminine.

Both **il** and **la** elide to **l'** before a vowel or a mute **h**, so we add "[masc.]" or "[fem.]" to indicate the gender of those nouns that do not end in **-o** or **-a**.

hotel	l'hotel [masc.]
university	l'università [fem.]
Internet	l'Internet [fem.]
arthritis	l'artrite [fem.]

The gender of a noun ending in **-o** or **-a** is not indicated, even if it is preceded by **l'**, if the ending indicates the noun's gender.

office	l'ufficio
company	l'azienda

However, exceptions to the **-o/-a** gender rule are noted.

organizational chart, flow chart	l'organigramma [masc.]

If a noun is part of a phrase, the gender of the main noun is indicated with the notation "[indefinite article + singular noun]."

light switch	l'interruttore (della luce) [un interruttore]
data processing	l'elaborazione dati [un'elaborazione]

The plural definite articles in Italian are as follows.

- **i** for masculine nouns whose singular definite article is **il**
- **gli** for masculine nouns whose singular definite article is **lo** or **l'**
- **le** for feminine nouns

The gender of a plural noun is indicated by its definite article.

condiments	i condimenti
ingredients	gli ingredienti
marinades	le marinate

This also applies if the plural partitive article is used.

documents	dei documenti
earphones, headphones	degli auricolari
keys	delle chiavi

In a few cases, plural nouns appear without articles. If a plural noun ends in -e, the noun is assumed to be feminine. Otherwise, the noun's gender is indicated by "[masc. pl.]" or "[fem. pl.]."

slippers	pantofole
boots	stivali [masc. pl.]

Nouns referring to people

If a noun does not change in the feminine form but the article does, both articles are given.

consultant	il/la consulente
journalist	il/la giornalista

For nouns beginning with a vowel that do not change their form in the feminine, the notation "[masc./fem.]" is used.

assistant	l'assistente [masc./fem.]

For nouns that are grammatically masculine even when they refer to a woman, the notation "[also fem.: masculine noun]" is used.

doctor	il medico [also fem.: il medico]

If a noun of profession changes its form in the feminine, both forms of the noun are given.

professor	il professore / la professoressa
writer	lo scrittore / la scrittrice

1

In città

In the city

This chapter presents important vocabulary for traveling around the city and shopping. You will learn the Italian words for places, sights, and stores, and how to ask for and give directions.

Italian nouns are divided into two broad classes called masculine and feminine. The words that accompany a noun, such as *a*, *the*, *this*, *that*, and *good*, change their form to show the gender of the noun and whether the noun is singular or plural.

The definite article *the* is **il** before a masculine singular noun, but **la** before a feminine singular noun. Both **il** and **la** change to **l'** before a noun beginning with a vowel. Before plural nouns, **il** changes to **i** and **la** changes to **le**. If a masculine noun begins with **s-** + consonant (including **sce-** and **sci-**), with **z-**, or with the consonant cluster **pn-** or **ps-**, then singular **il** is replaced with **lo** and plural **i** is replaced with **gli**.

Where is it?

Where is the bank?
  the arts center
  the bus station
  the bus stop
  the cathedral
  the cemetery
  the church
  the city hall
  the clinic
  the concert hall
  the consulate
  the embassy
  the gym
  the hospital
  the library
  the main square

Dov'è?

Dov'è la banca?
  il centro culturale
  l'autostazione [fem.], la stazione degli autobus
  la fermata dell'autobus
  la cattedrale, il duomo
  il cimitero, il camposanto
  la chiesa
  il municipio
  la clinica, l'ambulatorio
  la sala da concerti
  il consolato
  l'ambasciata
  la palestra
  l'ospedale [masc.]
  la biblioteca
  la piazza centrale

>>>

the market	il mercato
the park	il parco
the pawnshop	il banco dei pegni
the performing arts center	il centro delle arti teatrali
the police station	il commissariato, la questura
the post office	l'ufficio postale
the public garden	il giardino pubblico
the railway station	la stazione ferroviaria
the elementary school	la scuola elementare
the middle school	la scuola media
the secondary school	il liceo
the stadium	lo stadio
the stock exchange	la borsa
the subway station	la stazione della metro(politana)
the synagogue	la sinagoga
the tourist office	l'ufficio turismo
the university	l'università [fem.]
the zoo	lo zoo, il giardino zoologico

The indefinite article *a, an* is **un** before a masculine singular noun and **una** before a feminine singular noun. Before a noun beginning with a vowel, the feminine indefinite article **una** elides to **un'**. If a masculine noun begins with **s-** + consonant (including **sce-** and **sci-**) or with **z-**, **un** is replaced with **uno**.

Stores and shops

I negozi

Is there a drugstore around here?	C'è una farmacia qui vicino?
an antique store	un negozio di antiquariato
an appliance store	un negozio di elettrodomestici
a bakery	un panificio, un forno
a barber(shop)	un barbiere
a beauty supply store	un negozio di prodotti di bellezza
a bicycle store	un negozio di ciclismo, un negozio di biciclette
a bookstore	una libreria
a boutique (for women's clothing)	una boutique, un negozio di abbigliamento da donna
a butcher shop	una macelleria
a candy store, a sweet shop	un negozio di dolciumi
a chocolate shop	una cioccolateria
a clothing store	un negozio di abbigliamento >>>

a computer store	un negozio di informatica
a convenience store	un minimarket
a dry cleaner('s)	una lavanderia, una tintoria
an electrical supply store	un negozio di materiale elettrico
an electronics store	un negozio di materiale elettronico
a fish store	una pescheria
a florist, a flower shop	un fioraio
a food store	un negozio di alimentari
a fruit and vegetable store	un negozio di frutta e verdura
a funeral home	un'agenzia di pompe funebri
a furniture store	un mobilificio, un negozio di arredamento
a gas station	una stazione di servizio, un distributore di benzina, un benzinaio
a gift shop	un negozio di articoli da regalo
a grocery store	un supermercato
a hair salon	un parrucchiere, una parrucchiera
a hardware store	un negozio di ferramenta
a health food store	un negozio di prodotti biologici
an ice cream parlor	una gelateria
a jewelry store	una gioielleria
a laundromat	una lavanderia automatica
a law firm	uno studio legale
a leather goods store	una pelletteria
a mailbox	una cassetta delle lettere
a music store	un negozio di musica, un negozio di dischi
a newsstand	un'edicola
an office supplies store	un negozio di articoli per ufficio
an optician('s), an eyeglass store	un ottico, un'ottica
a parking lot, a parking garage	un parcheggio
a pastry shop	una pasticceria
a perfume store	una profumeria
a pet store	un negozio di animali
a phone store	un negozio di telefonia
a real estate agency	un'agenzia immobiliare
a shoe repair shop	un calzolaio
a shoe store	un negozio di scarpe, un negozio di calzature
a shopping mall	un centro commerciale
a sports store	un negozio di articoli sportivi
a stationery store	una cartoleria

a supermarket	un supermercato
a superstore	un ipermercato
a tobacco shop	una tabaccheria
a toy store	un negozio di giocattoli
a wine shop	un'enoteca
a youth hostel	un ostello della gioventù

The neighborhood / Il quartiere

I know the area.	Conosco la zona.
the alley, the lane	il vicolo
the apartment house	il condominio
the avenue	il viale
the boulevard	il viale
the bridge	il ponte
the building	l'edificio
the dead-end street	la strada senza uscita, il vicolo cieco
the downtown area	il centro
the green spaces	gli spazi verdi
the historic center	il centro storico
the shopping area	la zona commerciale
the side street	la strada laterale, la traversa
the skyscraper	il grattacielo
the street	la strada, la via
the street corner	l'angolo della strada
the suburbs	la periferia
the tunnel	il tunnel, la galleria

Getting to know the city / Scoprire la città

Where are the museums?	Dove sono i musei?
the art galleries	le gallerie d'arte, le pinacoteche
the cafés, the coffee shops	i bar
the department stores	i grandi magazzini
the hotels	gli hotel, gli alberghi
the movie theaters	i cinema
the night clubs	i locali notturni
the restaurants	i ristoranti
the theaters	i teatri

Italian uses **dei, delle** as the plural of the indefinite article **un, una**. Italian also has a form of the indefinite article used before mass nouns—nouns that cannot be counted. In this partitive function, **del** is used before a masculine singular noun, **della** before a feminine singular noun, and **dell'** before any singular noun beginning with a vowel. If a masculine singular noun begins with the letter **z-, s-** + consonant, or **pn-** or **ps-**, Italian uses the partitive **dello**. The plural of **dello** is **degli**.

Going shopping

I want to buy a book.

aspirin	
bottled water	
a camera	
a camera case	
a computer	
a computer case	
envelopes	
a guidebook	
an ink cartridge	
a laptop	
a magazine	
a map	
medicine	
a memory card	
a newspaper	
paper	
perfume	
postcards	
a road map	
souvenirs	
stamps	
a street map of the city	
sunglasses	
suntan lotion	
a tablet (computer)	
a tablet sleeve	
tissues	
wine	

Fare spese

Voglio comprare un libro.

dell'aspirina
dell'acqua minerale
una macchina fotografica
una custodia per macchina fotografica
un computer
una custodia per portatile
delle buste da lettera
una guida
una cartuccia d'inchiostro
un computer portatile, un portatile, un laptop
una rivista
una mappa, una cartina
delle medicine
una scheda di memoria
un giornale, un quotidiano
della carta
del profumo
delle cartoline
una cartina stradale
dei souvenir
dei francobolli
una pianta della città
degli occhiali da sole, un paio di occhiali da sole
della crema solare
un tablet (computer)
una custodia per tablet
dei fazzoletti (di carta)
del vino

Inside

What's *in the trunk?*
  in the backpack
  in the bag, in the handbag
  in the box
  in the briefcase
  in the package
  in the suitcase

Dentro

Che cosa c'è nel portabagagli?
  nello zaino
  nella borsa
  nella scatola
  nella valigetta
  nel pacco
  nella valigia

In the briefcase

There's *a pen in the briefcase.*
  a calculator
  a cell phone
  a checkbook
  a driver's license
  a hearing aid
  a highlighter
  an ID
  a key ring, a key chain
  an MP3 player
  a notebook
  a pad, a notepad
  a pair of sunglasses
  a passport
  a pencil
  a wallet

There are *eyeglasses in the briefcase.*
  CDs
  contact lenses
  credit cards
  documents
  earphones, headphones
  files
  keys
  photos
  receipts

There's *money in the briefcase.*

Nella valigetta

C'è una penna nella valigetta.
  una calcolatrice
  un cellulare, un telefonino [*informal*]
  un libretto degli assegni
  una patente di guida
  un apparecchio acustico
  un evidenziatore
  una carta d'identità
  un portachiavi
  un lettore mp3
  un quaderno
  un taccuino, un bloc-notes
  un paio di occhiali da sole
  un passaporto
  una matita
  un portafoglio

Ci sono degli occhiali da vista nella valigetta.
  dei CD
  delle lenti a contatto
  delle carte di credito
  dei documenti
  degli auricolari
  dei raccoglitori
  delle chiavi
  delle foto
  delle ricevute

Ci sono dei soldi/contanti nella valigetta.

Per parlare un italiano autentico

at the corner	all'angolo
at the light	al semaforo
at the next light	al prossimo semaforo
construction	dei lavori in corso
a construction site	un cantiere
a dirt road	una strada sterrata, una strada bianca
a lane (for traffic)	una corsia
a neon light	una luce al neon
a neon sign	un'insegna al neon
a night on the town	una notte brava
outdoor café	un bar con tavoli all'aperto
a passerby	un passante
a paved street	una strada asfaltata
a pedestrian	un pedone
pedestrian crossing	le strisce pedonali
a pedestrian zone	una zona pedonale
a streetlight, a lamppost	un lampione
traffic	il traffico
traffic circle	la rotonda, la rotatoria
traffic light	il semaforo
underground passage (to cross a street)	il sottopassaggio
urban infrastructure	l'infrastruttura urbana
a walking tour	un'escursione a piedi
to ask directions	chiedere le indicazioni (stradali)
to cross the street	attraversare la strada
to get lost	perdersi
to go to all the stores	andare per negozi
to park the car	parcheggiare la macchina
to stroll around	passeggiare, fare due passi, fare quattro passi, andare a spasso

The street is closed.	La strada è chiusa.
There's a traffic jam in our neighborhood.	C'è un ingorgo nel nostro quartiere.
All the roads are jammed.	Tutte le strade sono intasate.
They are going to renovate this industrial neighborhood and make it part of the city.	Rinnoveranno questo quartiere industriale e lo faranno diventare parte della città.

Perugia has an underground pedestrian network.	Perugia ha un sistema pedonale sotterraneo.
It's a beautiful city with areas closed to traffic and many green spaces.	È una bellissima città con zone chiuse al traffico e molti spazi verdi.

Proverbi, espressioni e citazioni

He who does not see Rome believes in nothing.	Chi Roma non vede, nulla crede.
All roads lead to Rome.	Tutte le strade portano a Roma.
When in Rome, do as the Romans do.	Paese che vai, usanza che trovi.

"Le città, come i sogni, sono costruite di desideri e di paure."
ITALO CALVINO

"Per conoscere una persona bisogna vedere dove abita."
JOHANN WOLFGANG VON GOETHE

"Se dovessi cercare una parola che sostituisca 'musica' potrei pensare soltanto a Venezia."
FRIEDRICH NIETZSCHE

"Tutto è azzurro a Napoli, anche la malinconia."
LIBERO BOVIO

"Il destino di molti uomini dipese dall'esserci stata o non esserci stata una biblioteca nella loro casa paterna."
EDMONDO DE AMICIS

Esercizio 1

Name the type of specialty store where you can buy each item. There may be more than one possible answer.

1. una gonna   _____

2. delle buste da lettera   _____

3. un gatto   _____

4. delle mele   _____

5. un cappuccino   _____

6. delle aspirine   _____

7. un profumo   _____

8. degli occhiali   _____

9. delle sigarette   _____

10. della carne   _____

11. una custodia per tablet   _____

12. delle rose   _____

13. delle vongole   _____

14. un quaderno   _____

15. dei libri   _____

16. del pane   _____

17. un gelato   _____

18. una bottiglia di prosecco   _____

19. un martello   _____

20. un cellulare   _____

Esercizio 2

Match each item or action in the second column with the place where you can buy, get, see, hear, or do it in the first column.

1. _____ al negozio di frutta e verdura   a. delle statue

2. _____ al cinema   b. prendere il treno

3. _____ alla stazione   c. degli stivali

4. _____ al negozio di informatica   d. tagliarsi i capelli

5. _____ in edicola   e. delle racchette da tennis

6. _____ al negozio di scarpe   f. delle carote e delle arance

7. _____ al negozio di articoli sportivi   g. un computer portatile

8. _____ al museo   h. bere un caffè

9. _____ dalla parrucchiera   i. vedere un film

10. _____ al bar   j. delle riviste e dei giornali

Esercizio 3

In Italian, list ten places in the city that you would like to visit.

1. _____   6. _____
2. _____   7. _____
3. _____   8. _____
4. _____   9. _____
5. _____   10. _____

Esercizio 4

List five stores or places in the city that you like and five that you don't like.

Mi piacciono i/le   **Non mi piacciono i/le**

1. _____   6. _____
2. _____   7. _____
3. _____   8. _____
4. _____   9. _____
5. _____   10. _____

Esercizio 5

Choose the item you can buy in each of the following stores.

1. in edicola

   a. dei giornali   b. delle aspirine   c. un mp3

2. al negozio d'informatica

   a. del pane   b. delle scarpe   c. una stampante

3. in libreria

   a. un dizionario   b. un pollo   c. delle rose

4. in farmacia

   a. una calcolatrice   b. delle medicine   c. una sedia

5. al negozio di frutta e verdura

   a. una custodia per tablet   b. una crema solare   c. delle banane

6. in pelletteria

    a. un portafoglio   b. delle caramelle   c. una collana

7. al negozio di animali

    a. una bicicletta   b. un cagnolino   c. una macchina

8. al negozio di articoli per ufficio

    a. delle penne   b. dei pantaloni   c. dei sandali

Esercizio 6

Choose the word or phrase that does not belong in each group.

1. a. sinagoga	b. chiesa	c. gioielleria	d. duomo
2. a. macelleria	b. pescheria	c. trattoria	d. farmacia
3. a. penne	b. scarpe	c. matite	d. carta da lettera
4. a. banca	b. libreria	c. edicola	d. biblioteca
5. a. ospedale	b. cinema	c. teatro	d. museo
6. a. bar	b. ristorante	c. pizzeria	d. fioraio
7. a. valigetta	b. sigaretta	c. valigia	d. zaino
8. a. centro	b. centro storico	c. stadio	d. periferia

Esercizio 7

Translate the following sentences into Italian.

1. *Where is the computer store?*

   _____

2. *The computer store is near here.*

   _____

3. *Is there a sporting goods store around here?*

   _____

4. *I want to buy a backpack.*

   _____

5. *What's in the wallet?*

   _____

6. *There's money and a driver's license.*

_____

7. *There are documents in the briefcase.*

_____

8. *There are museums in the city.*

_____

2

L'abbigliamento
Clothing

In this chapter, you will learn the Italian words for clothing, and how to express your likes, dislikes, and preferences in matters of style, color, and fabric. You will be able to describe what you wear for special occasions.

Shopping

I want to buy a pair of shoes.
  boots
  dress shoes
  flats
  loafers
  sandals
  slippers
  sneakers, tennis shoes

Acquisti

Voglio comprare un paio di scarpe.
  stivali [masc. pl.]
  scarpe eleganti
  ballerine, scarpe basse
  mocassini [masc. pl.]
  sandali [masc. pl.]
  pantofole
  scarpe da ginnastica

Footwear

She always wears clogs.
  flip-flops
  high heels
  low boots, ankle boots
  wedge-heeled shoes

Calzature

(Lei) porta sempre gli zoccoli.
  le infradito
  le scarpe con i tacchi alti
  gli stivaletti, gli stivali bassi
  le scarpe con la zeppa

Italian has two demonstrative adjectives: **questo** *this* and **quello** *that*. Demonstrative adjectives agree in gender and number with the noun they refer to. The forms of **quello** resemble those of the definite article. The basic forms are **quel** before masculine singular nouns, **quella** before feminine singular nouns, **quei** before masculine plural nouns, and **quelle** before feminine plural nouns. **Quel** becomes **quell'** before masculine singular nouns beginning with a vowel, and it becomes **quello** before a masculine noun beginning with **s-** + consonant (including **sce-** and **sci-**), with **z-**, or with the consonant cluster **pn-** or **ps-**. Before those nouns in the plural, **quei** is replaced by **quegli**. The demonstrative **quella** becomes **quell'** before a noun beginning with a vowel.

that boy	quel ragazzo	*those boys*	quei ragazzi
that bathrobe	quell'accappatoio	*those bathrobes*	quegli accappatoi
that boot	quello stivale	*those boots*	quegli stivali
that blouse	quella camicetta	*those blouses*	quelle camicette
that island	quell'isola	*those islands*	quelle isole

I like . . .

I like *that shirt*.
  that belt
  that blouse
  that pair of pants
  that pair of Capri pants

  that long-sleeved shirt
  that short-sleeved shirt
  that pair of shorts
  those sweatpants
  that sweatshirt
  that T-shirt
  that tank top

Mi piace...

Mi piace quella camicia.
  quella cintura, quella cinta
  quella camicetta
  quel paio di pantaloni
  quel paio di pantaloni a pinocchietto, quei
    pinocchietti

  quella camicia a maniche lunghe
  quella camicia a maniche corte
  quel paio di pantaloni corti, quei pantaloncini
  quei pantaloni della tuta, quei pantaloni di felpa
  quella felpa
  quella maglietta, quella t-shirt
  quella maglietta smanicata, quella canottiera

Necessities

I have to buy *a coat*.
  a bathrobe
  a black leather jacket
  a bomber jacket
  boxer shorts
  a cap

Necessità

Devo comprare un cappotto.
  un accappatoio
  un giubbino di pelle nero
  un bomber, un giubbino bomber
  dei boxer
  un berretto, un cappellino con visiera

>>>

a dress	un vestito da donna, un abito da donna
earmuffs	i copriorecchie, i paraorecchie
gloves	dei guanti
a handbag	una borsa
a handkerchief	un fazzoletto
a hat	un cappello
a hoodie	una felpa con cappuccio
a leather jacket	un giubbino di pelle
a short jacket	un giubbino
jeans	dei jeans
a (man's) suit	un completo (da uomo)
maternity clothes	dei vestiti premaman
pajamas	un pigiama
pantyhose	i collant
a raincoat	un impermeabile
a scarf	una sciarpa
shoelaces	dei lacci per scarpe
a skirt	una gonna
socks	delle calze
a sweater	una maglia, un maglione
tights	la calzamaglia, i collant
an umbrella	un ombrello
a woman's suit	un completo da donna, un tailleur

Looking for . . .

Cercare...

She's looking for <u>a bathing suit</u>.	(Lei) cerca <u>un costume da bagno</u>.
a one-piece bathing suit	un costume da bagno intero
beachwear	abbigliamento da spiaggia, abbigliamento da mare
a bikini	un costume da bagno a due pezzi, un bikini
a bra	un reggiseno
a fur coat	una pelliccia
a girdle	un bustino
a headband	una fascia
a nightgown	una camicia da notte
a pant suit	un tailleur pantalone
panties	delle mutandine, degli slip da donna
a slip	una sottoveste
a strapless dress	un vestito senza spalline, un abito senza spalline
a wedding dress	un vestito da sposa, un abito da sposa

Formal wear

He's wearing a (man's) suit.
   a bow tie
   a double-breasted suit
   an overcoat
   a pin-striped suit
   tails
   a tie
   a trench coat
   a tuxedo

She's wearing a bridal veil.
   a bridesmaid dress
   a cocktail dress
   an empire dress

Jewelry

I'd like to buy a jewel.
   a charm bracelet
   a ruby bracelet
   costume jewelry
   earrings
   a diamond necklace
   an emerald necklace
   a pearl necklace
   a diamond ring
   a wedding ring
   a gold watch
   a platinum watch
   a silver watch

Preferences

I prefer custom-made clothes.
   designer clothes, haute couture
   formal wear
   natural-fiber clothes
   sport clothes

   synthetic (fabric) clothes
   trendy clothes

Vestiti eleganti

(Lui) indossa/porta un completo (da uomo).
   una cravatta a farfalla, un farfallino, un papillon
   una giacca a doppio petto
   un soprabito
   un completo gessato
   un frac
   una cravatta
   un trench
   uno smoking

Lei indossa un velo da sposa.
   un abito da damigella d'onore
   un abito da cocktail
   un abito stile impero

Gioielleria

Vorrei comprare un gioiello.
   un bracciale con ciondoli
   un bracciale con rubini
   bigiotteria
   orecchini [masc. pl.]
   una collana di diamanti
   una collana di smeraldi
   una collana di perle
   un anello con diamante
   una fede nuziale
   un orologio in oro / d'oro
   un orologio in/di platino
   un orologio in argento / d'argento

Preferenze

Preferisco abiti su misura.
   abiti firmati [un abito], abiti di alta moda
   abiti eleganti, abiti da cerimonia
   abiti in/di fibre naturali
   l'abbigliamento sportivo, i vestiti sportivi
     [un vestito], gli abiti sportivi
   abiti in/di fibre sintetiche
   abiti di moda, abiti di tendenza

Materials

I'm looking for a denim skirt.
 corduroy pants
 a cotton shirt
 a felt hat
 leather gloves
 a linen jacket
 a silk tie
 a velvet vest
 woolen socks

I need . . .

I need a dress with buttons.
 a dress with a belt
 a dress with pockets
 a dress with a zipper
 a pleated dress
 a polka-dot dress
 a strapless dress

Sweaters

Do you have any long-sleeved sweaters?
 argyle
 cashmere
 checked
 short-sleeved
 turtleneck

Colors

I like this white suit.
 beige
 black
 blue
 navy blue
 sky blue
 brown
 light tan
 yellow
 eggshell, off-white

Tessuti

Cerco una gonna (di) jeans.
 dei pantaloni in/di velluto a coste
 una camicia in/di cotone
 un cappello in/di feltro
 dei guanti in/di cuoio
 una giacchetta in/di lino
 una cravatta in/di seta
 un gilet in/di velluto
 delle calze in/di lana

Mi occorre... / Mi serve...

Mi occorre/serve un vestito abbottonato.
 un vestito con la cintura
 un vestito con le tasche
 un vestito con la cerniera, un vestito con la zip
 un vestito pieghettato
 un vestito a pois, un vestito a pallini
 un vestito senza spalline

Maglioni

Avete maglioni a manica lunga?
 con motivo a rombi
 in cachemire
 a quadri
 a manica corta
 con collo alto

Colori

Mi piace questo completo bianco.
 beige
 nero
 azzurro
 blu oltremare
 celeste
 marrone
 crema
 giallo
 bianco sporco

›››

gray	grigio
green	verde
olive green	verde oliva
orange	arancio
pink	rosa
red	rosso
purple	viola

Per parlare un italiano autentico

an article of clothing	un capo di abbigliamento
black tie (formal dress)	cravatta nera (lo smoking per l'uomo, il vestito da sera lungo o corto per la donna)
white tie (formal dress)	cravatta bianca (il frac per l'uomo, il vestito da sera lungo per la donna)
brand	la marca
children's clothing	l'abbigliamento per bambini
designer clothing	l'abbigliamento firmato, l'abbigliamento di marca
eyeglass frame	la montatura
fitting room	il camerino
lining	la fodera
on sale	in saldo, in svendita
to be badly dressed	essere vestito male
to be dressed up, to be dressed to kill	essere vestito in modo elegante, essere in tiro [*informal*]
to be in fashion, to be trendy	essere alla moda
to be out of fashion, to be out of style	essere fuori moda
to be just the thing, to be just right	stare a pennello, calzare a pennello
to look good, to make a good impression	fare bella figura
to be well dressed	essere vestito bene
to get dressed	vestirsi
to get undressed	svestirsi, spogliarsi
to go shopping	fare spese
to go window shopping	guardare le vetrine
to iron	stirare
to sell retail	vendere al dettaglio
to sell wholesale	vendere all'ingrosso
to try on	provare
to wear	indossare, portare

He prefers to dress casually.	(Lui) preferisce vestire in modo casual/sportivo.
He prefers casual clothing.	(Lui) preferisce l'abbigliamento casual/sportivo.
These shoes are tight.	Queste scarpe sono strette.
This blouse matches the skirt.	Questa camicia si intona con la gonna. /
	Questa camicia sta bene con la gonna.
What size do you wear? (clothing)	Che taglia porta?
What size do you wear? (shoes)	Che numero porta?
I wear a 15½ shirt.	Porto la trentotto.
She wears a size 5 shoe.	Lei porta il trentasei.

Italian sizes for clothing and shoes are different from those used in the United States, as illustrated by the previous examples.

Proverbi, espressioni e citazioni

Those who wear wool have healthy skin.	Veste di lana, tiene pelle sana.
Clothes don't make the man.	L'abito non fa il monaco.
Shoes and hat make the man.	Scarpe e cappello fanno l'uomo bello.

"L'abbigliamento spesso rivela l'uomo."
WILLIAM SHAKESPEARE

"Ricchi si diventa, eleganti si nasce."
HONORÉ DE BALZAC

"Il buon gusto nel vestire è qualcosa di innato, come la sensibilità del palato."
COCO CHANEL

"L'umano, questo strano animale vestito."
GIOVANNI SORIANO

"La missione degli abiti non è solo quella di tenerci caldo. Essi cambiano l'aspetto del mondo ai nostri occhi e cambiano noi agli occhi del mondo."
VIRGINIA WOOLF

Esercizio 8

Match each of the clothing-related phrases in the first column with the word or phrase in the second column that completes its meaning.

1. _____ una collana   a. crema

2. _____ di colore   b. alto

3. _____ di alta   c. di diamanti

4. _____ un vestito   d. corte

5. _____ in/di fibre   e. oltremare

6. _____ un costume da bagno   f. da sposa

7. _____ con maniche   g. di velluto a coste

8. _____ dei pantaloni   h. moda

9. _____ con collo   i. intero

10. _____ blu   j. naturali

Esercizio 9

Choose the word or phrase that does not belong in each group.

1. a. anello   b. collana   c. cintura   d. bracciale

2. a. pantaloni   b. sandali   c. mocassini   d. ballerine

3. a. cotone   b. seta   c. velluto   d. platino

4. a. reggiseno   b. soprabito   c. mutande   d. sottoveste

5. a. cappotto   b. pelliccia   c. sciarpa   d. infradito

6. a. cravatta   b. orologio   c. bracciale   d. anello

7. a. impermeabile   b. ombrello   c. costume da bagno   d. stivali

8. a. perla   b. rubino   c. oro   d. nero

9. a. felpa   b. smoking   c. maglietta   d. scarpe da ginnastica

10. a. fede nuziale   b. frac   c. pantofole   d. velo da sposa

Esercizio 10

Match each word or phrase in the first column with its synonym in the second column.

1. _____ stivaletti
2. _____ costume da bagno a due pezzi
3. _____ scarpe basse
4. _____ cintura
5. _____ pantaloni corti
6. _____ berretto
7. _____ copriorecchie
8. _____ farfallino

a. cinta
b. stivali bassi
c. paraorecchie
d. cappellino con visiera
e. ballerine
f. papillon
g. bikini
h. pantaloncini

Esercizio 11

Unscramble the letters in each item to create a word related to clothing or jewelry.

1. amcacii _____
2. elalon _____
3. gamali _____
4. nacallo _____

5. ivttose _____
6. oasrb _____
7. arelacibc _____
8. rogliooo _____

Esercizio 12

Give the Italian words for the articles of clothing, shoes, and accessories you might use in each situation.

1. Fa freddo.

_____

_____

_____

_____

2. A un matrimonio

_____

_____

_____

_____

3. In ufficio

_____

_____

_____

_____

4. Piove.

_____

_____

_____

_____

5. In palestra

_____

_____

_____

_____

6. Al mare

_____

_____

_____

_____

7. Per andare a dormire

_____

_____

_____

_____

Esercizio 13

Translate the following sentences into Italian.

1. *I have to buy a pair of shoes.*

_____

2. *Do they sell silk scarves?*

_____

3. *I'm looking for a gray wool suit.*

_____

4. *I prefer a tie.*

_____

5. *I want to buy a sky blue coat with a belt.*

_____

6. *This tie doesn't match the green shirt.*

_____

7. *I like the pearl necklace.*

_____

8. *Those pants fit him well.*

_____

9. *I like these gold earrings.*

_____

10. *She's wearing a red turtleneck sweater.*

_____

11. *Let's go window shopping.*

_____

12. *All the designer clothing is on sale.*

_____

3

Il cibo

Food

In this chapter, you will learn the Italian words for foods and beverages, and you will be able to talk about your food preferences, whether you're dining in or out. You will learn vocabulary to describe the ingredients in a dish, and how food looks, smells, and tastes.

When referring to food after forms of the verb **piacere** *to like, to love*, the definite article must be used in Italian.

Fish	**Il pesce**
I like fish.	Mi piace il pesce.
cod	il merluzzo
dried, salt-cured cod	il baccalà
crab	il granchio
eel	l'anguilla
flounder	la platessa
lobster	l'aragosta, l'astice [masc.]
mackerel	lo sgombro
octopus	il polpo
salmon	il salmone
sea bass	la spigola, il branzino
sole	la sogliola
squid	il calamaro
swordfish	il pesce spada
trout	la trota
tuna	il tonno
turbot	il rombo
I like seafood.	Mi piacciono i frutti di mare.
shellfish	i crostacei, i molluschi

Meat

La carne

I like meat.   Mi piace la carne.

bacon	la pancetta (affumicata)
beef	il manzo
ham	il prosciutto
lamb	l'agnello
pork	il maiale
red meat	la carne rossa
roast beef	l'arrosto di manzo, il roast beef
salami	il salame
sausage	la salsiccia
steak	la bistecca
veal	il vitello
wild boar	il cinghiale

The definite article is used before food words that are the direct object of **preferire** *to prefer* or **adorare** *to love*. In the English equivalents, no article is used.

Fowl

Il pollame

I prefer chicken.   Preferisco il pollo.

duck	l'anatra
goose	l'oca
quail	la quaglia
turkey	il tacchino

Good to eat

Buono da mangiare

I like eggs.   Mi piacciono le uova.

clams	le vongole
cold cuts, luncheon meats	gli affettati
hamburgers	gli hamburger
hot dogs	gli hot dog
meatballs	le polpette
mussels	le cozze
olives	le olive
oysters	le ostriche
sandwiches	i panini

>>>

〉〉〉

sardines	le sardine
shrimp	i gamberetti
snails	le lumache
vegetables	le verdure

Bread and dessert

Il pane e i dolci

I love bread.	Adoro il pane.
chocolate	il cioccolato, la cioccolata
ice cream	il gelato
pastry	le paste, i pasticcini
sherbet, sorbet	il sorbetto
whole grain bread	il pane integrale
yogurt	lo yogurt

Fruit

La frutta

Do you like apples?	Ti piacciono le mele? [una mela]
apricots	le albicocche [un'albicocca]
bananas	le banane [una banana]
blackberries	le more [una mora]
cherries	le ciliegie [una ciliegia]
dates	i datteri [un dattero]
figs	i fichi [un fico]
oranges	le arance [un'arancia]
peaches	le pesche [una pesca]
pears	le pere [una pera]
plums	le prugne [una prugna]
prunes	le prugne secche [una prugna secca]
strawberries	le fragole [una fragola]

Do you like grapefruit?	Ti piace il pompelmo?
grapes	l'uva
lemon	il limone
melon	il melone
pineapple	l'ananas [masc.]
raisins	l'uva passa, l'uvetta
watermelon	l'anguria, il cocomero

An Italian adjective changes its form to agree with the gender and number of the noun it refers to. The adjective **buono** *good* is **buono** when it refers to a masculine noun, but **buona** when it refers to a feminine noun. If the noun is plural, the adjective becomes **buoni** for the masculine and **buone** for the feminine.

It's good!

The rice is very good.	Il riso è molto buono.
The brown rice	Il riso integrale
The cauliflower	Il cavolfiore
The corn	Il mais
The kale	Il cavolo riccio

The arugula is very good.	La rucola è molto buona.
The eggplant	La melanzana
The pumpkin	La zucca
The Savoy cabbage	La verza

The broccoli is very good.	I broccoli sono molto buoni.

The asparagus are very good.	Gli asparagi sono molto buoni.
The peas	I pisellini

The potatoes are very good.	Le patate sono molto buone.
The pumpkins/squash	Le zucche

È buono!

The adjective **squisito** *delicious* is masculine singular, and the masculine plural form is **squisiti**. With a feminine singular noun, the form is **squisita**, and with a feminine plural noun, **squisite**.

It's delicious!

The spinach is delicious.	Gli spinaci sono squisiti.

The artichokes are delicious.	I carciofi sono squisiti.
The leeks	I porri

The carrots are delicious.	Le carote sono squisite.
The lentils	Le lenticchie

È squisito!

Nouns in the following section are preceded by the partitive article. Here are its forms:

del before a masculine singular noun
dello before a masculine singular noun beginning with s- + consonant or with z-
della before a feminine singular noun
dell' before a singular noun beginning with a vowel
dei before masculine plural nouns
degli before masculine plural nouns beginning with a vowel, with s- + consonant, or with z-
delle before feminine plural nouns

The partitive article may be the equivalent of English *some* or serve as the plural of the indefinite article.

Salad

I'm going to put some olives in the salad.
  some celery
  some cucumbers
  some mushrooms
  some peppers
  some tomatoes

L'insalata

Metto delle olive nell'insalata.
  del sedano
  dei cetrioli [un cetriolo]
  dei funghi [un fungo]
  dei peperoni [un peperone]
  dei pomodori [un pomodoro]

Spices

Salt gives the food flavor.
  Basil
  Chili
  Chives
  Cinnamon
  Garlic
  Ginger
  Mint
  Mustard
  Nutmeg
  Oregano
  Pepper
  Thyme
  Vanilla

Le spezie

Il sale dà sapore al cibo.
  Il basilico
  Il peperoncino
  L'erba cipollina
  La cannella
  L'aglio
  Lo zenzero
  La menta
  La senape
  La noce moscata
  L'origano
  Il pepe
  Il timo
  La vaniglia

Capers give the food flavor.	I capperi danno sapore al cibo.
Cloves	I chiodi di garofano

Note the forms of the adjective **importante**. Like all adjectives ending in **-e**, it has the same form for the masculine and feminine. Therefore, its form is **importante** for all singular nouns and **importanti** for all plural nouns.

Cooking / La cucina

Herbs are important in cooking.	Gli odori sono importanti in cucina.
Condiments	I condimenti
Fresh ingredients	Gli ingredienti freschi
Marinades	Le marinate, Le salamoie
Sauces, Gravies	Le salse
Stocks, Broths	I brodi

Recipes / Le ricette

You have to add the sugar.	Si deve aggiungere lo zucchero.
the bread crumbs	il pangrattato
the butter	il burro
the egg white	l'albume [masc.], il bianco d'uovo
the egg yolk	il tuorlo d'uovo
the flour	la farina
the honey	il miele
the maple syrup	lo sciroppo d'acero
the mayonnaise	la maionese
the olive oil	l'olio d'oliva
the vinegar	l'aceto
the yeast	il lievito

Food allergies / Le allergie alimentari

He's allergic to milk.	(Lui) è allergico al latte.
to dairy products	ai latticini
to gluten	al glutine
to shellfish	ai crostacei
to wheat	al grano

Come taste!

Do you want to taste *the soup?*
   the mashed potatoes
   the meatballs
   the pasta
   the pizza

Taste

This dish is too *salty.*
   bitter
   spicy, hot
   sweet

How is the bread?

This bread is *good.*
   crisp, crunchy
   fresh
   stale
   tasty

Dessert

I'm ordering *the cake for dessert.*
   the apple tart
   the chocolate cake
   the custard
   the lemon tart
   the pear tart

Drinks

Do you like *wine?*
   beer
   brandy
   carbonated/sparkling/seltzer water
   champagne
   cider
   cocktails
   coffee with milk
   a digestif (a dinner drink)

Assaggia!

Vuoi assaggiare <u>la minestra</u>?
   il purè (di patate)
   le polpette
   la pasta
   la pizza

Il sapore

Questo piatto è troppo <u>salato</u>.
   amaro
   piccante
   dolce

Com'è il pane?

Questo pane è <u>buono</u>.
   croccante
   fresco
   raffermo
   gustoso, saporito

Il dolce

Ordino <u>la torta</u> per dolce.
   la crostata di mele
   la torta al cioccolato
   la crema pasticcera
   la crostata di limone
   la crostata di pere

Le bevande

Le piace <u>il vino</u>?
   la birra
   il cognac
   l'acqua gassata, l'acqua frizzante
   lo champagne
   il sidro
   l'aperitivo
   il caffè macchiato
   un digestivo

>>>

espresso	l'espresso
hot chocolate	la cioccolata calda
juice	il succo
lemonade	la limonata
milk	il latte
orange juice	il succo d'arancia
red wine	il vino rosso
tea	il tè
water	l'acqua
white wine	il vino bianco

Do you like alcoholic beverages?	Le piacciono le bevande alcoliche / gli alcolici?

To munch on

Da sgranocchiare

There is <u>a piece of bread</u> in the basket.	C'è <u>un pezzo di pane</u> nel paniere.
a roll	un panino

There are <u>breadsticks</u> in the basket.	Ci sono <u>dei grissini</u> nel paniere.
crackers	dei salatini, dei cracker
potato chips	delle patatine

Meals

I pasti

We want <u>to have breakfast</u> at home.	Vogliamo <u>fare colazione</u> a casa.
to have lunch	pranzare
to have dinner	cenare
to have an afternoon snack	fare merenda
to have a quick snack/sandwich	fare uno spuntino
to have a drink	prendere qualcosa da bere

Per parlare un italiano autentico

take-out food	il cibo da asporto
to be on a diet	essere a dieta
to clear the table	sparecchiare la tavola
to cook	cucinare
to go food shopping	fare la spesa
to go to the table	mettersi a tavola
to have food allergies	avere allergie alimentari
to order food	ordinare il cibo

to *set the table*	apparecchiare la tavola
to *wash the dishes*	lavare i piatti
It's *lunch time.*	È ora di pranzo.
It's *dinner time.*	È ora di cena.

Proverbi, espressioni e citazioni

good as gold	buono come il pane
to be starving	avere una fame da lupo
to call a spade a spade	dire pane al pane e vino al vino
to eat like a bird	mangiare come un uccellino, mangiare come un grillo
to eat like a horse	mangiare come un bue, mangiare per due
An apple a day keeps the doctor away.	Una mela al giorno toglie il medico di torno.
Don't bite the hand that feeds you!	Non sputare nel piatto dove mangi!
Eat to live, don't live to eat.	Bisogna mangiare per vivere, non vivere per mangiare.
Enjoy (your meal)!	Buon appetito!
Hunger is the best sauce.	La fame è il miglior condimento.
Life is too short to drink bad wine.	La vita è troppo breve per bere vino cattivo.
I don't care a fig.	Non me ne importa un fico secco.
It's finger licking good.	È buono da leccarsi le dita.
It melts in your mouth.	Si scioglie in bocca.

"La scoperta di un piatto nuovo è più preziosa per il genere umano che la scoperta di una nuova stella."
  BRILLAT-SAVARIN

"Tutto quello che vedi, lo devo agli spaghetti."
  SOFIA LOREN

"La vita è una combinazione di magia e di pasta."
  FEDERICO FELLINI

"La frase d'amore, l'unica, è: hai mangiato?"
  ELSA MORANTE

Esercizio 14

Group the following words into the five categories given.

albicocche	agnello	anatra	anguilla	aragosta
banane	cannella	ciliegie	cinghiale	maiale
manzo	more	noce moscata	oca	pepe
pollo	polpo	pompelmi	quaglia	salmone
tacchino	timo	tonno	vaniglia	vitello

Frutta	Carne	Pesce	Pollame	Spezie
_____	_____	_____	_____	_____
_____	_____	_____	_____	_____
_____	_____	_____	_____	_____
_____	_____	_____	_____	_____
_____	_____	_____	_____	_____

Esercizio 15

Complete each Italian phrase so that it expresses the meaning of the English phrase.

1. *chocolate ice cream* un gelato _____
2. *carbonated water* l'_____ gassata
3. *roast beef* l'_____ di manzo
4. *brown rice* il riso _____
5. *olive oil* l'_____ d'oliva
6. *whole grain bread* il pane _____
7. *to clear the table* _____ la tavola
8. *an alcoholic beverage* una _____ alcolica
9. *hot chocolate* la cioccolata _____
10. *apple tart* la crostata _____

Esercizio 16

Complete each sentence with the correct form of the verb **piacere**.

1. Mi _____ i broccoli.

2. Mi _____ il merluzzo.

3. Mi _____ le fragole.

4. Mi _____ il cinghiale.

5. Mi _____ i frutti di mare.

6. Mi _____ il riso.

7. Mi _____ l'uva.

8. Mi _____ gli spinaci.

9. Mi _____ l'espresso.

10. Mi _____ lo yogurt.

Esercizio 17

In Italian, list your favorite foods and beverages to create the perfect meal. Include three items for each course.

1. Antipasto

_____

_____

_____

2. Primo

_____

_____

_____

3. Secondo

_____

_____

_____

4. Contorno

_____

_____

_____

5. Dolce

_____

_____

_____

Esercizio 18

Choose the word or phrase that does not belong in each group.

1. a. buono   b. squisito   c. raffermo   d. saporito

2. a. more   b. pesce   c. fragole   d. pesche

3. a. trota   b. sgombro   c. merluzzo   d. prosciutto

4. a. fichi   b. broccoli   c. asparagi   d. pisellini

5. a. menta   b. zucca   c. pepe   d. cannella

6. a. asparagi   b. porri   c. spinaci   d. panini

7. a. tonno   b. pollo   c. tacchino   d. anatra

8. a. agnello   b. maiale   c. tè   d. manzo

9. a. vino   b. vitello   c. acqua   d. succo

10. a. crostata   b. torta   c. gelato   d. noce moscata

Esercizio 19

Translate the following sentences into Italian.

1. _We're ordering a red wine with the steak._

_____

2. _Spices give the food flavor._

_____

3. _She eats like a bird because she's on a diet._

_____

4. *She is very honest. She calls a spade a spade.*

_____

5. *The chicken is very good!*

_____

6. *For dessert, I'm going to order the apple tart.*

_____

7. *It's dinner time.*

_____

8. *Would you* (tu) *like to taste the ravioli?*

_____

9. *This dish is spicy but tasty.*

_____

10. *I love potatoes.*

_____

11. *The salmon is delicious.*

_____

12. *Do you* (tu) *have any food allergies?*

_____

4

La casa

House and home

This chapter presents essential vocabulary to describe your house—the rooms, furniture, and appliances. You'll learn the vocabulary needed to talk about repairs and home improvements. You will also learn the terms for household chores and will be able to tell someone to do them.

The rooms	**Le stanze**
The kitchen is on the right.	La cucina è a destra.
The living room	La sala, Il salotto, Il soggiorno
The dining room	La sala da pranzo
The den, The study, The office	L'ufficio
The guest room is on the left.	La stanza degli ospiti è a sinistra.
The family room	La sala, Il salotto, Il soggiorno
The master bedroom	La camera da letto principale
The hall, The corridor	Il corridoio
The house has a garden.	La casa ha un giardino.
twelve rooms	dodici stanze
six bedrooms	sei camere da letto
five bathrooms	cinque bagni [masc. pl.]
an attic	una soffitta
a basement	un seminterrato
a greenhouse	una serra
a lawn	un prato
a pool	una piscina
a staircase	una scala
a two-car garage	un garage per due macchine

Most adjectives in Italian follow the noun they modify, but certain adjectives, such as **bello**, **grande**, and **piccolo**, usually precede it.

To describe the house	**Per descrivere la casa**
What <u>a beautiful</u> house!	Che <u>bella</u> casa!
an old	vecchia
a small	piccola
We're looking for <u>a modern house</u>.	Cerchiamo <u>una casa moderna</u>.
an environmentally friendly house	una casa ecologica
a well-lit house	una casa luminosa
a new house	una casa nuova
an open, airy house	una casa spaziosa

È means *he is, she is, it is.* The noun following **è** must be accompanied at least by an article. It may also have other modifiers.

It's a <u>comfortable</u> house.	È una casa <u>comoda</u>.
calm, peaceful	tranquilla
pleasant, delightful	gradevole
warm, welcoming, cozy	accogliente

The preposition **di** is commonly used in Italian with the meaning *made of.*

What is the house made of?	**Di cosa è fatta la casa?**
That house is made of <u>brick</u>.	Quella casa è di <u>mattoni</u>.
concrete, cement	cemento
stone	pietra
wood	legno

Italian forms compound nouns with the preposition **da**. As a result, the nouns are in the reverse order of the nouns in English compounds: **gli apparecchi da cucina** *kitchen appliances.*

In the kitchen

Use the kitchen appliances.
  the blender, the mixer
  the bottle opener
  the butter dish
  the cabinet
  the cans
  the cocktail shaker
  the coffee grinder
  the coffee pot
  the corkscrew
  the dishwasher
  the food processor
  the freezer
  the frying pan
  the jar
  the kitchen towel
  the kitchen utensils
  the microwave oven
  the pantry
  the peeler
  the pepper shaker
  the pot, the saucepan
  the refrigerator
  the saltshaker
  the sink
  the stove, the range
    the electric range
    the gas range
  the teapot

Other appliances

The radio isn't working.
  The air conditioning
  The central heating
  The dryer
  The humidifier
  The vacuum cleaner
  The washing machine

In cucina

Usa gli apparecchi da cucina.
  il frullatore
  l'apribottiglie [masc.]
  il portaburro
  l'armadietto
  le scatole, le lattine
  lo shaker
  il macinacaffè
  la caffettiera, la moka
  il cavatappi
  la lavastoviglie
  la centrifuga, il mixer
  il congelatore
  la padella
  il boccale
  il canovaccio, lo strofinaccio
  le stoviglie
  il forno a microonde
  la dispensa
  lo sbucciatore
  il portapepe
  la casseruola
  il frigorifero, il frigo
  il portasale
  il lavandino
  la cucina, i fornelli
    la cucina elettrica
    la cucina a gas
  la teiera

Altri elettrodomestici

La radio non funziona.
  L'aria condizionata, Il condizionatore
  Il riscaldamento centralizzato
  L'asciugatrice [fem.]
  L'umidificatore [masc.]
  L'aspirapolvere [masc.]
  La lavatrice

In the living room

I like this bookcase a lot.
  this armchair, this easy chair
  this carpet(ing)
  this coffee table
  this couch, this sofa
  this lamp
  this painting
  this rug
  this stereo
  this television

I like this set of furniture a lot.
  these curtains, these drapes

The dining room

We still have to buy a table.
  some chairs
  a chandelier
  a china cabinet, a display cabinet
  a wine rack

To set the table

Put the plates on the table.
  the cups
  the forks
  the glasses
  the knives
  the napkins
  the placemats
  the saucers
  the soup bowls
  the tablecloth
  the tablespoons
  the teaspoons
  the wine glasses, the goblets

In soggiorno

Mi piace molto questa libreria.
  questa poltrona
  questa moquette
  questo tavolino da salotto
  questo divano
  questa lampada
  questo quadro, questo dipinto
  questo tappeto
  questo stereo
  questa televisione, questa tivù

Mi piacciono molto questi mobili.
  queste tende

La sala da pranzo

Dobbiamo ancora comprare un tavolo.
  delle sedie
  un lampadario
  una vetrina
  un porta vino

Apparecchiare la tavola

Metti i piatti sulla tavola.
  le tazze
  le forchette
  i bicchieri
  i coltelli
  le salviette
  le tovagliette all'americana
  i piattini
  le zuppiere
  la tovaglia
  i cucchiai
  i cucchiaini
  i bicchieri da vino, i calici

The bedroom

There's _a bed._
  a bedside rug
  a bedspread
  a blanket
  a box spring, a bed base
  a chest of drawers
  a closet
  a double bed
  a mattress
  a night table
  a pillowcase

There are _some pillows._
  some hangers
  some sheets, some bed linen

The bathroom

There's _a bathtub._
  a bar of soap
  a bath mat
  a bath towel
  a bidet
  a hand towel
  a medicine chest
  a mirror
  a plunger
  a scale
  shaving cream
  a shower
  a sink
  soap
  a sponge
  a toilet
  toilet paper
  a toothbrush
  toothpaste
  a towel
  a wastepaper basket

La camera da letto

C'è un letto.
  uno scendiletto
  un copriletto
  una coperta
  una base a molle
  un comò, una cassettiera
  un armadio
  un letto matrimoniale
  un materasso
  un comodino
  una federa

Ci sono dei cuscini.
  delle stampelle, delle grucce
  delle lenzuola

Il bagno

C'è una vasca da bagno.
  una saponetta
  un tappetino
  un asciugamano
  un bidet
  un asciugamano
  un armadietto
  uno specchio
  uno sturalavandini
  una bilancia
  schiuma da barba, crema da barba
  una doccia
  un lavandino
  del sapone
  una spugna
  un WC, un water
  della carta igienica
  uno spazzolino da denti
  del dentifricio
  un asciugamano
  un cestino

Do-it-yourself projects

I progetti fai-da-te

battery	la pila, la batteria
broom	la scopa
brush	la spazzola
ceiling	il soffitto
door	la porta
drain	il tubo di scarico
faucet	il rubinetto
flashlight	la torcia (elettrica)
floor	il pavimento
fuse	il fusibile
hammer	il martello
light	la luce
light switch	l'interruttore (della luce) [un interruttore]
lightbulb	la lampadina
monkey wrench	la chiave inglese
paintbrush	il pennello
pipes	le tubature
pliers	le pinze
saw	la sega
screwdriver	il cacciavite
screws	le viti
smoke detector	il rivelatore di fumo
socket, plug	la presa
tools	gli attrezzi
wall	il muro, la parete
window	la finestra
to flush the toilet	tirare lo sciacquone
to paint	tinteggiare

Problems

Problemi

Oh, my goodness! There's <u>smoke</u>.	Mamma mia! c'è <u>del fumo</u>.
a fire	un incendio
a hole	un buco
a leak	una perdita d'acqua

Where do they live?

They live in a house.
  an apartment
  an apartment building
  a retirement community

Dove abitano?

Abitano in <u>una casa</u>.
  un appartamento
  un condominio
  una casa di riposo

Many household chores are expressed with the verb **fare** *to do, to make*, an irregular verb whose present tense forms are as follows: **io faccio, tu fai, lui/lei fa, noi facciamo, voi fate, loro fanno.**

Household chores

It's my turn <u>to buy the groceries</u>.
  to do the gardening
  to do the housework
  to iron
  to do laundry
  to make the bed
  to mop
  to mow the lawn
  to prepare lunch
  to prepare dinner
  to recycle the newspapers
  to sweep
  to take out the garbage
  to vacuum
  to water the plants

Le faccende domestiche

Tocca a me <u>fare la spesa</u>.
  fare il giardinaggio
  fare le faccende
  stirare
  fare il bucato
  fare/rifare il letto
  lavare il pavimento, passare lo straccio
  tagliare il pratino
  preparare il pranzo
  preparare la cena
  riciclare i giornali
  spazzare
  portare fuori la spazzatura
  passare l'aspirapolvere
  innaffiare le piante

Per parlare un italiano autentico

furnishings, furniture	i mobili
a handyman	un tuttofare
household goods/items/furniture	gli articoli casalinghi
landlady	la proprietaria, la padrona di casa, la locatrice
landlord	il proprietario, il padrone di casa, il locatore
a mortgage	un mutuo

roommate, apartment mate	il compagno di stanza / la compagna di stanza
tenant	l'inquilino/l'inquilina, il locatario
a real estate agency	una agenzia immobiliare
to fix up the kitchen	aggiustare la cucina
to move	traslocare
to rent an apartment	affittare un appartamento, dare in affitto un appartamento, prendere in affitto un appartamento
The rent is low/high.	L'affitto è basso/alto.
The bulb blew.	La lampadina è scoppiata.
The light has gone out.	La luce è andata via.
The toilet is clogged.	Il WC/water è intasato.
We have to unclog the sink.	Bisogna sturare il lavandino.

Proverbi, espressioni e citazioni

Home sweet home.	Casa dolce casa.
The saddest house is the one where no one knocks.	La casa più triste è quella dove non bussa nessuno.

"Conta i fiori del tuo giardino, non le foglie che cadono."
ROMANO BATTAGLIA

"La carità comincia a casa propria."
CHARLES DICKENS

"Dalla conchiglia si può capire il mollusco, dalla casa l'inquilino."
VICTOR HUGO

"Non avere nella tua casa nulla che tu non sappia utile, o che non creda bello."
WILLIAM MORRIS

Esercizio 20

Match each place in the first column with the activity in the second column that takes place there.

1. _____ cucina   a. leggere

2. _____ camera da letto b. innaffiare le piante

3. _____ piscina   c. dormire

4. _____ scala   d. lavarsi

5. _____ biblioteca   e. lavorare

6. _____ sala da pranzo   f. apparecchiare

7. _____ ufficio   g. guardare la televisione

8. _____ bagno   h. salire

9. _____ soggiorno   i. nuotare

10. _____ giardino   j. cucinare

Esercizio 21

Choose the word or phrase that does not belong in each group.

1. a. salotto   b. armadio   c. cucina   d. sala da pranzo

2. a. fare il bucato   b. stirare   c. spazzare   d. traslocare

3. a. legno   b. martello   c. cacciavite   d. sega

4. a. bicchiere da vino b. cavatappi   c. torcia   d. porta vino

5. a. proprietario   b. congelatore c. inquilino   d. appartamento

6. a. radio   b. stereo   c. tivù   d. aspirapolvere

7. a. lattine   b. cucchiai   c. coltelli   d. forchette

8. a. tazze   b. bicchieri   c. salviette   d. calici

9. a. doccia   b. lavandino   c. bidet   d. frullatore

10. a. quadro   b. tappeto   c. specchio   d. poster

Esercizio 22

Complete each Italian phrase so that it expresses the meaning of the English phrase.

1. *guest room*   la camera _____

2. *a bedroom*   una camera _____

3. *kitchen appliances* _____ da cucina

4. *a wine rack*   un porta _____

5. *toilet paper*   _____ igienica

6. *a wine glass*   _____ da vino

7. *a leak*   _____ d'acqua

8. *a smoke detector*   un rivelatore _____

9. *shaving cream*   schiuma _____

10. *a microwave oven*   _____ a microonde

11. *a retirement community*   _____ di riposo

12. *a coffee grinder*   _____ caffè

Esercizio 23

In Italian, name the items you might use or the things you might do in each situation.

1. Apparecchi da cucina

_____

_____

_____

_____

_____

2. Mobili per il soggiorno

_____

_____

_____

_____

3. Per apparecchiare la tavola

_____

_____

_____

_____

4. Attrezzi

_____

_____

_____

_____

5. Le faccende di casa

_____

_____

_____

_____

Esercizio 24

What is necessary in each case?

ESEMPIO   Per fare il caffè, ci vuole _una caffettiera_.

1. Per fare il tè, ci vuole _____.

2. Per asciugarsi le mani, ci vuole _____.

3. Per le piante durante l'inverno, ci vuole _____.

4. Per piantare un chiodo, ci vuole _____.

5. Per tinteggiare le pareti, ci vuole _____.

6. Per sturare il lavandino, ci vuole _____.

7. Per coprire la finestra, ci vuole _____.

8. Per stringere una vite, ci vuole _____.

Esercizio 25

Translate the following sentences into Italian.

1. _There is a leak in the attic._

_____

2. _I need a monkey wrench and a screwdriver._

_____

3. Your (tu) *house is welcoming and quiet.*

_____

4. *There's a pill bottle in the medicine chest.*

_____

5. *The hangers are in the closet.*

_____

6. *The light went out. The bulb burned out.*

_____

7. *That house is made of stone.*

_____

8. *The salt shaker is on the table.*

_____

9. *The master bedroom is on the right.*

_____

10. *I still have to buy a chest of drawers.*

_____

L'ufficio, il computer, gli affari e l'economia

The office, the computer, business, and the economy

This chapter presents vocabulary to describe the office, the functions of the computer, the running of a business, and elements of the economy. You will also learn vocabulary that will enable you to talk about finances, the stock exchange, and marketing, as well as the people who work in these fields.

At the office	**In ufficio**
an answering machine	una segreteria telefonica
an appointment book	un'agenda
a calendar	un calendario
a cell phone	un telefono cellulare, un cellulare
cubicles	dei box
a desk	una scrivania
electronic devices	degli apparecchi elettronici
a fax machine	una macchina fax
a file cabinet	un armadio classificatore
a landline	un telefono fisso
a notebook	un bloc-notes
paper	della carta
paperwork	del lavoro d'ufficio
a pen	una penna
a pencil	una matita
a phone number	un numero di telefono
a photocopier	una fotocopiatrice
a scanner	uno scanner
a stapler	una spillatrice
a telephone	un telefono
a telephone call	una telefonata
a workstation	una postazione di lavoro
a wrong number	un numero sbagliato

to dial	comporre il numero, fare il numero
to make a phone call	fare una telefonata
to scan	scandire, scansionare

The telephone

Il telefono

apps	le applicazioni, le app [un'app]
area code	il prefisso
cell phone display	lo schermo, il display del cellulare
country code	il prefisso internazionale
dial tone	il segnale di libero
handset	la cornetta
keypad	la tastiera
ringtone	la suoneria
speed dialing	la selezione rapida (del numero)
to hang up	riattaccare, riagganciare
to pick up the receiver, to take the call	rispondere al telefono, rispondere alla chiamata
It's busy.	È occupato. / Dà occupato.
The phone is out of order.	Il telefono è guasto.
Who's calling?	Chi è?
We got cut off.	Si è interrotta la linea. / È caduta la linea.

The computer

Il computer

attachment	l'allegato
data processing	l'elaborazione dati [un'elaborazione]
disk	il disco rigido
e-mail	la posta elettronica
an e-mail	un'e-mail
file	il file
folder	la cartellina
Internet	l'Internet [fem.]
Internet user	l'utente di Internet [un utente / un'utente]
junk mail	la posta indesiderata, la spam
keyboard	la tastiera
a laptop	un (computer) portatile, un laptop
link	il link
memory card	la scheda di memoria
online	online
a printer	una stampante

screen	lo schermo, il monitor
search engine	il motore di ricerca
software	il software
toolbar	la barra degli strumenti
website	il sito, il sito web, il sito internet
word processing	la videoscrittura

Verbs for the computer / Verbi per il computer

to click (on)	cliccare (su)
to copy	copiare
to copy and paste	copiare e incollare
to create a file	creare un file
to download	scaricare
to drag a file	spostare un file
to drag and drop	trascinare
to go back	tornare indietro
to install a program	installare un programma
to keep in touch through social media	rimanere in contatto tramite social media
to log in/on	connettersi, collegarsi
to log off/out	disconnettersi, fare logout
to make a backup	fare un backup
to save the file	salvare il file
to surf the web/Internet	navigare in/su Internet
to upload	caricare

Who is attending the meeting? / Chi partecipa alla riunione?

<u>The consultant</u> is attending the meeting.	<u>Il/La consulente</u> partecipa/viene alla riunione.
The analyst	L'analista [masc./fem.]
The boss	Il capo, Il datore di lavoro
The CEO (*chief executive officer*)	L'amministratore delegato [un amministratore]
The CFO (*chief financial officer*)	Il direttore finanziario
The financial advisor	Il consulente finanziario / La consulente finanziaria
The project manager	Il direttore dei lavori, Il responsabile del progetto
The receptionist	Il/La receptionist
The secretary	Il segretario / La segretaria
The web designer	Il designer di siti web

The idiom **stare per** + infinitive means *to be about to do something*: **Sto per aprire l'allegato** *I am about to open the attachment.* The verb **stare** *to stay, to be* is conjugated as follows in the present tense: **io sto, tu stai, lui/lei sta, noi stiamo, voi state, loro stanno.**

Who is about to leave?

Chi sta per andare via?

The employees are about to leave.
  The executives
  The experts
  The office workers

I dipendenti stanno per andare via.
  I dirigenti
  Gli esperti
  Gli impiegati (di ufficio)

Banking

Il settore bancario

bank	la banca
bank account	il conto in banca
bank card	la carta di debito, la carta ricaricabile
bank statement	l'estratto conto
bill (currency)	la banconota
bill (to pay)	il conto, la fattura
check	l'assegno
checkbook	il libretto degli assegni
checking account	il conto corrente
e-banking	la banca online
interest	gli interessi
loan	il prestito
money	i soldi
savings account	il conto deposito
to deposit	versare, depositare
to withdraw money	prelevare soldi
to write a check	fare un assegno

Business

Gli affari

board of directors	il consiglio amministrativo
branch, branch office	la succursale
business	l'impresa, l'attività [fem.]
businessman	l'uomo d'affari
businesswoman	la donna d'affari
company	l'azienda, la ditta

consulting	la consulenza
consumer	il consumatore / la consumatrice
customer	il/la cliente
debt	il debito
development	lo sviluppo
dividend	il dividendo, il bonus
earnings	gli introiti
e-commerce	il commercio elettronico, il commercio online
growth	la crescita, l'aumento
management	la gestione
merger	la fusione
personnel	il personale
price	il prezzo
profit and loss	il bilancio
retail [adjective]	al dettaglio
salary	il salario
taxes	le imposte, le tasse
wholesale [adjective]	all'ingrosso
to draft a budget, to draw up a budget	fare un budget, pianificare le spese
to fire	licenziare
to go bankrupt, to declare bankruptcy	fallire, andare in fallimento
to grow	crescere, progredire, svilupparsi
to hire	assumere
to make a business plan	fare un piano industriale
to produce	produrre

Marketing / Il commercio

ad, advertisement	l'annuncio pubblicitario, lo spot pubblicitario
advertising	la pubblicità
advertising agency	l'agenzia pubblicitaria
brand	la marca
cost	il costo
marketing	il commercio, il marketing
product	il prodotto
sample	il campione
to launch an ad campaign	lanciare una campagna pubblicitaria
to promote	promuovere
to test	testare, provare

Finance and the stock exchange

La finanza e la borsa

bear market, falling market	il mercato in ribasso
bond	l'obbligazione [fem.]
bull market, rising market	il mercato in rialzo
diversified portfolio	il portafoglio diversificato
dividend	il bonus
investment	l'investimento
investor	l'azionista [masc./fem.]
market forces	le forze di mercato
portfolio management	la gestione di portafoglio
risk management	la gestione del rischio
seller	il venditore / la venditrice
securities	i titoli
stock	l'azione [fem.]
stock exchange	la borsa
stock portfolio	il portafoglio delle azioni
stockbroker	l'agente di cambio [un agente]
stockholder	l'azionista [masc./fem.]
ups and downs	gli alti e i bassi
world market	il mercato mondiale
to invest	investire
to sell, to sell off	vendere

The economy

L'economia

capitalism	il capitalismo
cost of living	il costo della vita
debt	il debito
employment	l'impiego, il posto di lavoro
factory	la fabbrica
free enterprise system	il sistema di libera impresa
free market	il mercato libero
global financial crisis	la crisi finanziaria mondiale
goods and services	i beni e i servizi
government	il governo
growth	la crescita, l'aumento
high cost of living	il carovita
income	il reddito, il guadagno (*from work*); le entrate (*from investments*); il fatturato (*corporate*)
income tax	l'imposta sul reddito

Internal Revenue Service (IRS)	il fisco
job	l'impiego, il posto
pension	la pensione
prosperity	la prosperità
public sector	il settore pubblico
recession	la crisi, la recessione
rule of law	lo stato di diritto
underemployment	la sottoccupazione
unemployment	la disoccupazione
value-added tax (VAT)	l'imposta sul valore aggiunto (IVA)
to raise taxes	aumentare le tasse

Per parlare un italiano autentico

expiration date of the contract	la scadenza del contratto
power of attorney	la procura
to make ends meet	sbarcare il lunario
You can send text messages.	(Lei) può inviare dei messaggi / degli SMS.
I'd like to make a withdrawal.	Vorrei fare un prelievo.
One can use online banking for all bank operations.	Si può utilizzare la banca a distanza / la banca online per tutte le operazioni bancarie.

Proverbi, espressioni e citazioni

Time is money.	Il tempo è denaro.
Money comes to money.	Il denaro è fratello del denaro.
Work ennobles man.	Il lavoro nobilita l'uomo.
Don't count your chickens before they hatch.	Non dire quattro se non l'hai nel sacco.
A good worker will never be out of a job.	Non manca mai da fare, a chi ben sa lavorare.
If you want something done, do it yourself.	Chi fa da sé, fa per tre.
Who has more, wants more.	Chi più ha, più vuole.

"I soldi servono per sopravvivere; per vivere ci vuole altro."
  FABRIZIO GNOCCHI

"Molti sognano soldi non avendo altri sogni da sognare."
  LIDIA RAVERA

"La migliore pubblicità è un cliente soddisfatto."
BILL GATES

"La velocità è la forma di estasi che la rivoluzione tecnologica ha regalato all'uomo."
MILAN KUNDERA

"Temo il giorno in cui la tecnologia andrà oltre la nostra umanità: il mondo sarà popolato allora da una generazione di idioti."
ALBERT EINSTEIN

"Se non riesci a metterci sentimento, non farlo."
PATSY CLINE

Esercizio 26

Complete each Italian phrase so that it expresses the meaning of the English phrase.

1. *a file cabinet*   un armadio _____
2. *a bank account*   un conto _____
3. *junk mail*   la posta _____
4. *the bank statement*   l'estratto _____
5. *cost of living*   il costo _____
6. *stockbroker*   l'agente _____
7. *web designer*   il designer di _____
8. *an advertising agency*   una agenzia _____
9. *the rule of law*   lo stato _____
10. *ups and downs*   gli alti e _____
11. *the world market*   il _____ mondiale
12. *savings account*   il conto _____

Esercizio 27

Choose the word or phrase that does not belong in each group.

1. a. carta   b. penna   c. videoscrittura   d. matita
2. a. succursali   b. titoli   c. valori   d. azioni
3. a. analista   b. amministratore delegato   c. consulente   d. tastiera
4. a. cellulare   b. assegno   c. segreteria telefonica d. telefono fisso
5. a. prodotto   b. pubblicità   c. debito   d. marca

6. a. computer   b. scanner   c. stampante   d. agenda

7. a. copiare   b. produrre   c. incollare   d. salvare

8. a. prezzo   b. azienda   c. dirigente   d. impiegato

9. a. debito   b. crisi   c. mercato in rialzo   d. carovita

10. a. azioni   b. titoli   c. investire   d. scrivania

Esercizio 28

Group the following words into the five categories given.

investimento	assegno	marca	schermo	agenda
spillatrice	videoscrittura	prodotto	prestito	soldi
azione	estratto conto	disco rigido	sito	scrivania
campione	penna	azionista	conto corrente	fotocopiatrice
tastiera	costo	pubblicità	titoli	mercato mondiale

L'ufficio	Il computer	Il commercio	La banca	La borsa
___	___	___	___	___
___	___	___	___	___
___	___	___	___	___
___	___	___	___	___
___	___	___	___	___

Esercizio 29

Complete each expression with the missing verb from the following list.

| prelevare | creare | navigare | comporre |
| lanciare | installare | fare | aumentare |

1. _____ una telefonata

2. _____ il numero

3. _____ le tasse

4. _____ i soldi

5. _____ un file

6. _____ in/su Internet

7. _____ una campagna pubblicitaria

8. _____ un programma

Esercizio 30

Match each word in the first column with its synonym in the second column.

1. _____ agenda   a. collegarsi
2. _____ impiego   b. tassa
3. _____ portatile   c. versare
4. _____ schermo   d. prezzo
5. _____ connettersi   e. calendario
6. _____ costo   f. crisi
7. _____ fattura   g. monitor
8. _____ imposta   h. conto
9. _____ recessione   i. laptop
10. _____ depositare   j. posto di lavoro

Esercizio 31

In Italian, give words and expressions you might use in each situation.

1. In ufficio

_____

_____

_____

_____

2. In banca

_____

_____

_____

_____

3. Per parlare del computer

_____

_____

_____

_____

4. Per parlare dell'economia

_____

_____

_____

_____

5. Per parlare della borsa

_____

_____

_____

_____

6. La gente che lavora in una ditta

_____

_____

_____

_____

Esercizio 32

Translate the following sentences into Italian.

1. You (tu) *must back up all your files.*

_____

2. We *will launch our advertising campaign on social media.*

_____

_____

3. *Investors must pay attention to the ups and downs of the stock market.*

_____

_____

4. *The government is going to raise taxes.*

_____

5. *E-commerce is important for the growth of the company.*

_____

_____

6. *Our agency is going to launch an advertising campaign for this product.*

_____

_____

7. *There is not much money in our savings account.*

_____

8. *The CEO and the consultants have just left.*

_____

9. *The company stays in touch with consumers.*

_____

10. *I want to hire a web designer.*

_____

Il viaggi, le vacanze e il tempo libero
Travel, vacation, and free time

This chapter presents vocabulary related to airplane and train travel, vacation destinations, sports, and leisure activities. You will learn the Italian words for the days of the week, months, seasons, and cardinal points, and you'll be able to describe—and complain about—the weather!

The verb **fare** *to do, to make* is used in many expressions. It is conjugated as follows in the present tense: **io faccio, tu fai, lui/lei fa, noi facciamo, voi fate, loro fanno.**

Travel

Let's take a trip!
  a bike ride
  a cruise
  a field trip
  a hike
  a ride
  a walk

I viaggi

Facciamo un viaggio!
  un giro in bici(cletta)
  una crociera
  una gita
  una camminata
  un giro in macchina
  una passeggiata

Seeing the sights

I'd like to go sightseeing.
  to buy a guidebook
  to go all around the region
  to go horseback riding
  to go on an excursion/outing
  to go to the casino
  to see the old city
  to sightsee in the city
  to take a guided tour
  to travel the world

Il giro turistico

Vorrei fare un giro turistico.
  comprare una guida
  fare il giro della regione
  andare a cavallo
  fare un'escursione
  andare al casinò
  visitare il centro storico
  fare un giro della città
  fare una visita guidata
  girare il mondo

Means of transportation

I like to travel by plane.
  by bike
  by boat
  by bus (coach)
  by car
  on foot
  by taxi
  by train

Mezzi di trasporto

Mi piace viaggiare in aereo.
  in bici(cletta)
  in barca
  in autobus
  in macchina
  a piedi
  in taxi
  in treno

Traveling by airplane

I prefer a direct flight.
  a flight with a stopover
  a night flight
  a nonstop flight
  an aisle seat
  a window seat
  to fly standby

Viaggiare in aereo

Preferisco un volo diretto.
  un volo con scalo
  un volo notturno
  un volo diretto, un volo senza scalo
  un posto vicino al corridoio
  un posto vicino al finestrino
  essere in standby, essere sulla lista d'attesa

At the airport

Do you have any carry-on luggage?
  any bags to check
  the number of the gate
  your boarding pass
  your passport

All'aeroporto

(Lei) ha del bagaglio a mano?
  del bagaglio da imbarcare
  il numero dell'uscita, il numero del gate
  la Sua carta d'imbarco
  il Suo passaporto

The flight

The plane is taking off now.
  is landing now
  is arriving now
  is late
  is on time

takeoff
landing

The plane has taken off.
The plane has landed.
The flight has been cancelled.
The plane is full.

Il volo

L'aereo sta per decollare.
  sta per atterrare
  sta per arrivare
  è in ritardo
  è puntuale

il decollo
l'atterraggio

L'aereo è decollato.
L'aereo è atterrato.
Il volo è stato annullato/cancellato.
L'aereo / Il volo è al completo.

You must speak with the flight attendant.	(Lei) deve parlare con l'assistente di volo.
Fasten your seat belts!	Allacciate (voi) le vostre cinture (di sicurezza)!

One of the past tenses in Italian is a compound tense called the **passato prossimo**, consisting of a form of **avere** or **essere** followed by the past participle. Here is the passato prossimo of **fare: io ho fatto, tu hai fatto, lui/lei ha fatto, noi abbiamo fatto, voi avete fatto, loro hanno fatto.**

To describe the trip / Per descrivere il viaggio

To describe the trip	**Per descrivere il viaggio**
We had a <u>wonderful</u> trip.	(Noi) abbiamo fatto un viaggio <u>meraviglioso</u>.
boring	noioso
fun	gradevole, divertente
horrible	orribile
memorable	memorabile
terrific	formidabile
tiring	stancante
very long	molto lungo
very short	molto corto
They had an <u>interesting</u> trip.	(Loro) hanno fatto un viaggio <u>interessante</u>.
enjoyable	gradevole, divertente
exhausting	estenuante
impressive	emozionante

Taking the train / Prendere il treno

Taking the train	**Prendere il treno**
You have <u>to look for the platform</u>.	Bisogna <u>cercare il binario</u>.
to check the schedule/timetable	controllare l'orario
to wait in line at the ticket window	fare la fila in biglietteria
to buy tickets	comprare i biglietti
to buy a round-trip ticket	comprare un biglietto di andata e ritorno
to find the dining car	trovare il vagone-ristorante
to find the sleeping car	trovare il vagone-letto
to take the high-speed train	prendere il treno ad alta velocità
to look at the arrivals/departures board	guardare la tabella degli arrivi e delle partenze
to punch your ticket	convalidare il biglietto
to check your luggage	spedire il bagaglio
to get on the train	salire sul treno
to get off the train	scendere dal treno

My car has broken down.

You have to repair the brakes.
  the brake lights
  the carburetor
  the exhaust pipe
  the front axle
  the gas pedal
  the gearshift
  the headlights
  the ignition
  the windshield wiper

I can't manage to open the trunk.
  the car door
  the gas tank
  the glove compartment
  the hood
  the windows

There's a problem with the backup lights.
  the air conditioning
  the back seat
  the front seat
  the gas gauge
  the high-beam headlights
  the horn
  the jack
  the license plate
  the odometer
  the rearview mirror
  the spare tire
  the speedometer
  the tires
  the turn signals

Weather: the forecast

What's the weather like?
It's (very) nice.
It's (very) bad.
It's (very) cold.

La mia macchina si è rotta.

Bisogna riparare i freni.
  le luci dei freni
  il carburatore
  il tubo di scappamento
  l'avantreno
  il pedale dell'acceleratore, il pedale del gas
  il cambio
  i fari
  l'accensione [fem.]
  il tergicristalli

Non riesco ad aprire il portabagagli.
  la portiera
  il serbatoio della benzina, il serbatoio del gas
  il vano portaoggetti
  il cofano
  i finestrini

C'è un problema con le luci di retromarcia.
  il condizionatore
  il sedile posteriore
  il sedile anteriore
  l'indicatore della benzina [un indicatore]
  i fari alti
  il clacson
  il cric
  la targa
  il contachilometri
  lo specchietto (retrovisore)
  la ruota di scorta
  il tachimetro
  gli pneumatici
  le frecce [una freccia]

Il tempo: le previsioni

Che tempo fa?
Fa (molto) bello.
Fa (molto) brutto.
Fa (molto) freddo.

It's cool.	Fa fresco.
It's hot.	Fa caldo.
It's sunny.	C'è il sole.
It's windy.	C'è il vento.
What's the temperature?	Che temperatura fa?
It's 90 degrees (Fahrenheit).	Fa novanta gradi (Fahrenheit).
It's 30 degrees Celsius/centigrade.	Fa trenta gradi Celsius.
It's (very) clear.	È (molto) sereno.
It's cloudy.	È nuvoloso. / Il cielo è coperto.
It's drizzling.	Pioviggina.
It's hailing.	Grandina.
It's raining.	Piove.
It's snowing.	Nevica.
It's thundering.	Tuona.
There's <u>fog</u>.	C'è <u>la nebbia</u>.
rain	la pioggia
a shower	un acquazzone
snow	la neve
a snowstorm	una tempesta di neve
a storm	un temporale
There's lightning.	Ci sono fulmini.

Climate

Il clima

This region has a <u>cold</u> climate.	Questa regione ha un clima <u>freddo</u>.
hot	caldo
mild, temperate	temperato
dry	secco
humid	umido

The seasons

Le stagioni

Are you going on vacation <u>in the summer</u>?	Vai in vacanza <u>in estate</u>?
	Vai in vacanza d'estate?
in the autumn	in autunno, d'autunno
in the winter	in inverno, d'inverno
in the spring	in primavera, di primavera

Cardinal points on the compass	I punti cardinali sulla bussola
north	il nord
south	il sud
east	l'est [masc.]
west	l'ovest [masc.]
northeast	il nord-est
northwest	il nord-ovest
southeast	il sud-est
southwest	il sud-ovest

In Italian, the months of the year and the days of the week are not capitalized: **Nel mese di febbraio fa freddo** *It's cold in the month of February*, **Lavoro lunedì** *I'm working on Monday.*

In Italy, Monday is the first day of the week.

The months of the year / I mesi dell'anno

The months of the year	I mesi dell'anno
I took a trip in <u>January</u>.	Ho fatto un viaggio a <u>gennaio</u>.
February	febbraio
March	marzo
April	aprile
May	maggio
June	giugno
July	luglio
August	agosto
September	settembre
October	ottobre
November	novembre
December	dicembre

In Italian, the definite article is used before nouns that follow the verb **amare** *to love.* English uses no article in this pattern.

Sports and games / Gli sport e i giochi

Sports and games	Gli sport e i giochi
I love <u>swimming</u>.	(Io) amo <u>il nuoto</u>.
bike riding	il ciclismo
baseball	il baseball
basketball	il basket, la pallacanestro

>>>

board games	i giochi da tavolo, i giochi di società
cards	le carte
checkers	la dama
chess	gli scacchi
football	il football americano
skating	il pattinaggio
skiing	lo sci
soccer	il calcio
sports	gli sport
tennis	il tennis
video games	i videogiochi
volleyball	la pallavolo
weightlifting	il sollevamento pesi

The verb **giocare** *to play* is followed by the preposition **a** before the names of sports and games.

I play golf.	Gioco a golf.
basketball	a pallacanestro
cards	a carte
hockey	a hockey
ice hockey	a hockey sul ghiaccio
ping-pong	a ping-pong
soccer	a calcio, a pallone
video games	ai videogiochi
volleyball	a pallavolo
I'd like to learn to ride a bike.	Vorrei imparare ad andare in bicicletta.
to box	a fare del pugilato
to cook	a cucinare
to dance	a ballare
to dive	a fare immersioni
to ice skate	a pattinare sul ghiaccio
to ride a horse	ad andare a cavallo
to skate	a pattinare
to ski	a sciare
to swim	a nuotare
to wrestle	a fare wrestling

Other sports

bowling
  to go bowling
marathon
  to run a marathon
rock climbing
  to go rock climbing
rowing
  to go rowing
sailing
  to go sailing

ball (*small, as for baseball, tennis*)
ball (*large, as for soccer, basketball*)
game
score
to serve (*tennis*)
tennis court
tennis player
to throw the ball to someone
World Cup (*soccer*)

Altri sport

il bowling
  giocare a bowling
la maratona
  fare una maratona
la scalata, l'arrampicata
  fare una scalata, fare un'arrampicata
il canottaggio
  fare il canottaggio
la vela
  fare vela

la palla
il pallone
la partita
il punteggio
servire
il campo da tennis
il/la tennista
tirare la palla a qualcuno
la coppa del mondo

Days of the week

We're going to play tennis <u>on Monday</u>.
  on Tuesday
  on Wednesday
  on Thursday
  on Friday
  on Saturday
  on Sunday

I giorni della settimana

(Noi) giochiamo a tennis <u>lunedì</u>.
  martedì
  mercoledì
  giovedì
  venerdì
  sabato
  domenica

Leisure activities

In my free time, I like <u>to read</u>.
  to browse the web
  to cook
  to do charity work
  to go camping
  to go dancing
  to go fishing

Le attività di svago

Nel mio tempo libero, mi piace <u>leggere</u>.
  navigare in/su Internet
  cucinare
  fare volontariato
  andare a campeggio
  andare a ballare
  andare a pesca

>>>

to go for a walk	fare una passeggiata
to go shopping	fare spese
to go to a café	andare al bar
to go to a concert	andare a concerti
to go to a crafts fair	andare a una mostra d'artigianato
to go to a nightclub	andare in un locale
to go to the movies	andare al cinema
to go to the theater	andare a teatro
to ice skate	pattinare sul ghiaccio
to listen to music	ascoltare la musica
to play the piano	suonare il piano
to putter, to do projects around the house	fare dei lavoretti, fare bricolage
to sketch, to draw	disegnare
to ski	sciare
to swim	nuotare
to take an online class	seguire un corso online
to take pictures	fare fotografie
to visit a museum	visitare un museo
to walk my dog	portare a passeggio il cane
to watch TV	guardare la tivù
to work out	andare in palestra
to write poetry	scrivere poesie

On vacation

In vacanza

I want to spend my vacation <u>at the beach</u>.	Voglio passare le vacanze <u>al mare</u>.
abroad	all'estero
at an archaeological dig	in un sito archeologico
at a campground	in un campeggio
on the coast	sulla costa
in the country	in campagna
in the desert	nel deserto
in the mountains	in montagna
at a seaside resort	in una stazione balneare
in a five-star hotel	in un hotel a cinque stelle
at a youth hostel	in un ostello della gioventù

At the hotel

Do you have a room for one night?
 adjoining rooms
 an air-conditioned room

 a room for one person
 a room for two nights
 a room that faces the inner courtyard
 a room that faces the street
 a room with a balcony
 a room with a refrigerator
 a room with a shower
 a room with a view
 a room with an Internet connection
 a room with two beds
 a single room

Is there an elevator in the hotel?
 a ballroom
 a bar
 a bellhop
 a concierge
 a conference room
 a fitness center
 a florist
 a hair salon
 an indoor pool
 a jacuzzi
 laundry service
 a lobby
 a lounge for guests
 an outdoor pool
 a parking garage
 a restaurant
 room service
 a sauna
 a security system
 a shop
 a souvenir shop
 a whirlpool

In hotel/albergo

Avete una camera per una notte?
 delle camere comunicanti
 una camera con climatizzatore, una camera con aria condizionata

 una camera singola
 una camera per due notti
 una camera che dà sul cortile interno
 una camera che dà sulla strada
 una camera con balcone
 una camera con frigorifero
 una camera con doccia
 una camera con vista
 una camera con connessione a Internet
 una camera con due letti
 una camera con un letto solo

C'è un ascensore nell'hotel?
 una sala da ballo
 un bar
 un facchino, un fattorino
 un concierge, un portiere
 una sala conferenze, una sala riunioni
 un centro fitness, una palestra
 un fioraio
 un parrucchiere
 una piscina coperta
 una jacuzzi
 un servizio di lavanderia
 una hall
 una sala per gli ospiti
 una piscina scoperta
 un parcheggio
 un ristorante
 il servizio in camera
 una sauna
 un sistema di sicurezza
 un negozio
 un negozio di souvenir
 una vasca idromassaggio

I have to pay the bill.	Devo <u>pagare il conto</u>.
to pay cash	pagare in contanti
to pay with a credit card	pagare con una carta di credito
to change money	cambiare i soldi
to get a different room	cambiare camera
to leave tomorrow	partire domani
to reserve a room	prenotare una camera
to give back my keys	restituire le chiavi [una chiave]

Per parlare un italiano autentico

to cheer	fare il tifo, tifare
to pack the suitcases	fare le valigie
to play a sport	praticare uno sport
This plane stops over in Athens.	Questo aereo fa scalo ad Atene.
The train is 30 minutes late.	Il treno porta 30 minuti di ritardo.
Our car broke down.	Ci si è rotta la macchina.
You have to make preparations for the trip.	Bisogna fare i preparativi per il viaggio.

Proverbi, espressioni e citazioni

Red sky at night, sailor's delight.	Rosso di sera, bel tempo si spera.
A rolling stone gathers no moss.	Pietra mossa non fa muschio.
We learn from traveling.	Viaggiando s'impara.

"Il viaggio è nella testa."
JEAN BAUDRILLARD

"Il viaggio più lungo è il viaggio interiore."
DAG HAMMARSKJÖLD

"Viaggiare dovrebbe essere sempre un atto di umiltà."
GUIDO PIOVENE

"Viaggiare è come sognare."
EDGAR ALLAN POE

"Il vero amore non muore mai. Non conosce stagioni: le ore, i giorni, gli anni sono soltanto frammenti di stelle spente, brandelli di tempo."
ROMANO BATTAGLIA

"Il gioco degli scacchi è lo sport più violento che esista."
GARRY KASPAROV

Esercizio 33

Complete each Italian phrase so that it expresses the meaning of the English phrase.

1. *a nonstop flight*   un volo _____

2. *What's the weather like?*   _____ fa?

3. *I took a trip.*   _____ un viaggio.

4. *an aisle seat*   un posto _____

5. *a snowstorm*   _____ di neve

6. *The plane has taken off.*   L'aereo _____.

7. *carry-on luggage*   bagaglio _____

8. *to go to a café*   andare al _____

9. *a seaside resort*   una stazione _____

10. *an exhausting trip*   un viaggio _____

11. *I love swimming.*   Amo _____.

12. *a round-trip ticket*   un biglietto _____

13. *to go shopping*   fare _____

14. *We're going to play tennis.* Andiamo _____.

15. *a mild and dry climate*   un clima _____

16. *You must check the suitcase.* Devi _____.

17. *I took a trip in July.*   Ho fatto un viaggio _____.

18. *I'm working on Friday.*   Lavoro _____.

19. *a youth hostel*   un ostello _____

20. *to go horseback riding*   andare _____

Esercizio 34

In Italian, use weather and climate expressions to describe each of the following places.

1. Roma, Italia

_____

_____

_____

2. Milano, Italia

_____

_____

_____

3. Londra, Regno Unito

_____

_____

_____

4. Addis Abeba, Etiopia

_____

_____

_____

5. Toronto, Canada

_____

_____

_____

6. Dallas, Stati Uniti

_____

_____

_____

Esercizio 35

List ten things you like to do in your leisure time. Begin each sentence with either **Amo...** or **Mi piace...**

1. _____
2. _____
3. _____
4. _____
5. _____
6. _____
7. _____

8. _____

9. _____

10. _____

Esercizio 36

Describe a trip you took. Tell where and when you went, how you prepared for your trip, how you traveled, with whom you traveled, and what you did there. If you prefer, tell about a trip you plan to take.

_____

_____

_____

_____

_____

_____

_____

_____

_____

Esercizio 37

Select the verb that correctly completes each phrase.

1. l'aereo _____ (scia / atterra)

2. _____ in vacanza (andare / visitare)

3. _____ scacchi (giocare con / giocare a)

4. _____ un corso (seguire / nuotare)

5. _____ uno sport (salire / praticare)

6. _____ un giro in macchina (cercare / fare)

7. _____ molto caldo (fa / va)

8. _____ le cinture (aprite / allacciate)

9. _____ il treno (decollare / prendere)

10. _____ il volo (annullare / scendere)

Esercizio 38

Give the noun phrase (definite article + noun) found in this chapter that is derived from each of the following verbs.

1. nevicare _____
2. piovere _____
3. grandinare _____
4. viaggiare _____
5. arrivare _____
6. partire _____
7. passeggiare _____
8. visitare _____
9. giocare _____
10. atterrare _____
11. decollare _____
12. pescare _____

Esercizio 39

Unscramble the letters in each item to create a word that appears in the chapter.

1. teolh _____
2. roccreia _____
3. qzczeauano _____
4. incaemod _____
5. ogicrelba _____
6. nirageesd _____
7. aigaiervg _____
8. rautramepet _____
9. viraeamrp _____
10. nnttaaces _____

Esercizio 40

Translate the following sentences into Italian.

1. *You (tu) ought to pack the suitcases.*

_____

2. *Here are my boarding pass and passport.*

_____

3. *The plane has landed, but it is late.*

_____

4. *We had a wonderful trip.*

_____

5. *When I am in Rome, I like to sightsee in the city.*

_____

6. *The weather is bad today. It's windy and it's hailing.*

_____

_____

7. *We are going to stand in line at the ticket window and buy a round-trip ticket.*

_____

_____

8. *They want to play chess.*

_____

9. *I want to spend my vacation in the mountains or in the country.*

_____

_____

10. *In my spare time, I like to go camping and fishing.*

_____

_____

La vita di tutti i giorni; l'istruzione
The daily routine; education

In this chapter, you will learn vocabulary related to your daily routine, from waking up in the morning to going to sleep at night. You will learn how to describe your feelings and emotions and how to talk about important life events. The vocabulary related to education will enable you to describe your school experiences, fields of study, and favorite teachers.

Most of the verbs we use to talk about our daily routine are pronominal verbs, called reflexive verbs in English. A pronominal verb always has an object pronoun that refers to the subject. Here is the present-tense conjugation of **alzarsi** *to get up*: **io mi alzo, tu ti alzi, lui/lei si alza, noi ci alziamo, voi vi alzate, loro si alzano.**

The daily routine

La vita di tutti i giorni

One has to wake up early.	Bisogna <u>svegliarsi</u> presto.
to get up	alzarsi
to wash up	lavarsi
to get dressed	vestirsi
to get undressed	spogliarsi
to fall asleep	addormentarsi

After pronominal verbs, Italian uses the definite article where English uses the possessive adjective for actions that involve articles of clothing or parts of the body: **Lei si lava le mani** *She washes her hands.*

Personal care and grooming

La cura del corpo

You have to brush your teeth every day.	Bisogna <u>lavarsi i denti</u> ogni giorno.
to bathe, to take a bath	farsi il bagno
to comb your hair	pettinarsi
to relax	rilassarsi
to rest	riposarsi
to shave	radersi

〉〉〉

>>>

to shower	farsi la doccia
to wash your face	lavarsi il viso
to wash your hands	lavarsi le mani
She has to cut her nails.	(Lei) deve tagliarsi le unghie.
to brush her hair	spazzolarsi i capelli
to dry her hair	asciugarsi i capelli
to file her nails	limarsi le unghie
to put on lipstick	mettersi il rossetto
to put on makeup	truccarsi
to shave her legs	depilarsi le gambe

Beauty and personal grooming products
I prodotti di bellezza e per la cura del corpo

There is shampoo in the medicine chest.	C'è dello shampoo nell'armadietto del bagno.
a comb	un pettine
conditioner	del balsamo
a deodorant	un deodorante
a depilatory	della crema depilatoria
hair coloring	la tintura per capelli
a hairbrush	una spazzola per capelli
a lipstick	un rossetto
makeup	il trucco
a moisturizing cream	una crema idratante
mouthwash	un collutorio
a nail clipper	un tagliaunghie
nail polish	uno smalto (per unghie)
a razor (electric)	un rasoio (elettrico)
shaving cream	la schiuma da barba
soap	il sapone
a toothbrush	uno spazzolino (da denti)
There are tweezers in the medicine chest.	Ci sono le pinzette nell'armadietto del bagno.
bath oils and salts	gli oli e i sali da bagno
razor blades	le lamette da barba

Italian pronominal verbs that express emotions or feelings often have English equivalents consisting of *to be* or *to get* and a past participle: **stancarsi** *to get tired*.

The construction **non bisogna** + infinitive of a reflexive verb is the equivalent of English *people/one/you/they should not do something*.

Emotions

One shouldn't get angry.
  complain about everything
  get bored
  get discouraged
  get impatient
  get insulted
  get upset
  lose one's temper
  worry
  worry about everything

Le emozioni

Non bisogna <u>arrabbiarsi</u>.
  lamentarsi di tutto
  annoiarsi
  scoraggiarsi
  spazientirsi
  offendersi
  innervosirsi
  adirarsi
  preoccuparsi
  preoccuparsi di tutto

The construction **bisogna** + infinitive of a reflexive verb is an impersonal expression used to tell what people in general must do.

Positive attitudes

One must calm down.
  be enthusiastic
  be interested in everything
  feel at ease
  have a good time
  relax

Atteggiamenti positivi

Bisogna <u>calmarsi</u>.
  entusiasmarsi
  interessarsi a tutto
  sentirsi a proprio agio
  divertirsi
  rilassarsi

Health and accidents

to break (a part of the body)
to burn, to get burned
to catch a cold
to get tired
to hurt oneself
to hurt one's hand
to lie down
to take care of oneself
to twist one's ankle

La salute e gli infortuni

rompersi/fratturarsi (una parte del corpo)
scottarsi, ustionarsi
raffreddarsi
stancarsi
farsi male
farsi male alla mano
distendersi
riguardarsi
slogarsi la caviglia

Occorre + infinitive of a reflexive verb is another impersonal expression used to tell what people in general must do.

Movement	Il movimento
It is necessary <u>to come closer</u>.	Occorre <u>avvicinarsi</u>.
to go away	andarsene
to hurry up	sbrigarsi
to move over, to make room	spostarsi, scansarsi
to move away (from)	allontanarsi (da)
to sit down	sedersi
to stand up	alzarsi (in piedi)
to stop	fermarsi
to turn around	girarsi, voltarsi

Some life events	Alcuni eventi della vita
They want <u>to enroll in the university</u>.	Vogliono <u>iscriversi all'università</u>.
to get engaged (to)	fidanzarsi (con)
to get married (to)	sposarsi (con)
to graduate (from college)	laurearsi
to settle in (into a house)	sistemarsi

The Italian word **educazione**, like its English cognate *education*, refers to schooling. But the Italian word also means *upbringing, good manners*. The corresponding verb is **educare**, as in **educare un bambino** *to raise a child, to bring up a child*. **Istruire un bambino** means *to educate a child* in the sense of teaching him or her subject matter.

Education	L'istruzione
What should students do?	Che devono fare gli studenti?
Students should <u>study hard</u>.	Gli studenti devono <u>studiare seriamente</u>.
apply for a scholarship	fare domanda per una borsa di studio
get a high school diploma	conseguire un diploma
get good grades	prendere buoni voti
go to class	andare a lezione
graduate	laurearsi
hand in their reports	consegnare le loro relazioni
learn a lot	imparare molto

>>>

pass their exams	superare gli esami
pay attention	fare attenzione
read their textbooks	leggere i libri di testo
take courses	seguire i corsi
take exams	fare gli esami
take notes	prendere appunti
write papers/compositions	scrivere tesine

What should students not do?	Che cosa non devono fare gli studenti?
Students should not <u>be absent</u>.	Gli studenti non devono <u>essere assenti</u>.
cut class, play hooky	marinare la scuola, saltare la scuola
fail an exam	essere bocciati a un esame

There are many regional variations of the standard expressions **marinare la scuola** and **saltare la scuola**, for example, **fare sega** in the Lazio region and **tagliare** in Piedmont.

The school environment L'ambiente scolastico

school	la scuola
nursery school	la scuola materna
elementary school	la scuola elementare
middle school	la scuola media
high school, secondary school	il liceo, la scuola superiore
university	l'università [fem.]
school (of a university)	la facoltà
a pupil	un allievo / un'allieva
a student	uno studente / una studentessa
a teacher (elementary school)	un maestro / una maestra
a teacher (high school and university)	un professore / una professoressa
a full professor	un professore ordinario
an associate professor	un professore associato
an assistant professor	un assistente (universitario)
a visiting lecturer	un professore incaricato (esterno)
a college degree	un titolo universitario
an online course	un corso online
to get a degree in	conseguire un diploma in
to major in	specializzarsi in

School supplies

	Il materiale scolastico
The student has a pen.	Lo studente ha una penna.
an appointment book	un'agenda
books	dei libri
a calculator	una calcolatrice
a compass	un compasso
a computer	un computer
a locker	un armadietto
a marker	un pennarello
a notebook	un quaderno
a notepad	un bloc-notes
a pencil	una matita
a pencil case	un astuccio
a pencil sharpener	un temperino, un temperamatite
a ruler	una riga

Most adjectives in Italian form the feminine by changing the **-o** ending of the masculine form to **-a**. If the masculine form ends in **-e**, the feminine form is identical to the masculine form.

Our teacher

	Il nostro insegnante / la nostra insegnante
Professor Faina is demanding.	Il Professor Faina è esigente.
boring	noioso [fem.: noiosa]
brilliant	brillante
easy	tranquillo [fem.: tranquilla]
famous	molto conosciuto [fem.: conosciuta]
fascinating	coinvolgente
grumpy	irritabile
hard	duro [fem.: dura]
lenient	indulgente
nice	buono [fem.: buona]
popular	benvoluto [fem.: benvoluta]
respected	rispettato [fem.: rispettata]
scholarly	colto [fem.: colta]
smart	intelligente
strict	severo [fem.: severa]
understanding	comprensivo [fem.: comprensiva]
unpleasant	antipatico [fem.: antipatica]

Working in education

She's working in pre-school education.
  in elementary education
  in secondary education
  in higher education
  in adult education
  in distance learning

Lavorare nell'istruzione

Lei lavora nell'istruzione prescolastica.
  nell'istruzione elementare
  nell'istruzione secondaria
  nell'istruzione superiore
  nell'istruzione per adulti
  nella formazione a distanza

The Italian reflexive verb **interessarsi di** is the equivalent of the English expression *to be interested in.*

My studies

I'm most interested in chemistry.
  accounting
  architecture
  art
  biology
  computer science
  dentistry
  economics
  engineering
  graphic design
  history
  hotel management
  law
  literature
  math
  medicine
  music
  physics

I miei studi

(Io) mi interesso soprattutto di chimica.
  contabilità
  architettura
  arte
  biologia
  informatica
  odontoiatria
  economia
  ingegneria
  grafica
  storia
  gestione alberghiera
  diritto, legge
  letteratura
  matematica
  medicina
  musica
  fisica

At the university

Where is the law school, please?
  the business school
  the medical school
  the school of continuing education
  the school of dentistry
  the school of engineering

All'università

Dov'è la Facoltà di Giurisprudenza, per favore?
  la Facoltà di Economia
  la Facoltà di Medicina
  la Facoltà di Formazione continua
  la Facoltà di Odontoiatria
  la Facoltà di Ingegneria

〉〉〉

the school of fine arts	la Facoltà di Belle Arti
the school of foreign languages	la Facoltà di Lingue straniere
the school of liberal arts	la Facoltà di Lettere e Filosofia
the school of sciences	la Facoltà di Scienze
the school of social sciences	la Facoltà di Scienze Sociali
the school of veterinary medicine	la Facoltà di Medicina Veterinaria

Per parlare un italiano autentico

bad at math	negato in matematica
good at math	bravo/ferrato/forte in matematica
the teacher's pet	il preferito dell'insegnante / la preferita dell'insegnante

Proverbi, espressioni e citazioni

Heaven helps those who help themselves.	Aiutati che Dio ti aiuta.
Life is the best teacher.	La scuola migliore è quella della vita.
Nothing ventured, nothing gained.	Chi non risica, non rosica.

"Il talento sta nelle scelte."
ROBERT DE NIRO

"Ottimo è quel maestro che, poco insegnando, fa nascere nell'alunno una voglia grande d'imparare."
ARTURO GRAF

"Insegnare è imparare due volte."
JOSEPH JOUBERT

"Dalla culla e non dalla scuola deriva l'eccellenza di qualunque ingegno."
PIETRO ARETINO

"I libri sono un antidoto alla tristezza."
ANJALI BANERJEE

"I libri sono di chi li legge."
ANDREA DE CARLO

Esercizio 41

Complete each Italian phrase so that it expresses the meaning of the English phrase.

1. *to take courses*   _____ dei corsi

2. *to enroll in the university*   _____ all'università

3. *pre-school education*   l'istruzione _____

4. *to twist one's ankle*   _____ la caviglia

5. *to take notes*   _____ appunti

6. *a hairbrush*   una spazzola _____

7. *to go to class*   andare _____

8. *to hand in reports*   consegnare _____

9. *to apply for a scholarship*   fare domanda per una _____

10. *the school of social sciences*   la Facoltà di _____

11. *a college degree*   un _____ universitario

12. *the law school*   la Facoltà di _____

13. *to get married to someone*   _____ con qualcuno

14. *to cut one's nails*   tagliarsi _____

15. *to pass the test*   _____ l'esame

Esercizio 42

Match each verb in the first column with the noun in the second column that is related to it.

1. _____ lavarsi   a. dei libri

2. _____ lavarsi i capelli   b. un quaderno

3. _____ depilarsi le sopracciglia   c. del sapone

4. _____ truccarsi   d. dei sali da bagno

5. _____ prendere appunti   e. le pinzette

6. _____ studiare   f. un rasoio

7. _____ fare il bagno   g. lo shampoo

8. _____ radersi   h. il rossetto

Esercizio 43

Match each verb in the first column with its opposite in the second column.

1. _____ sedersi
2. _____ svegliarsi
3. _____ vestirsi
4. _____ lavarsi i capelli
5. _____ farsi male
6. _____ rilassarsi
7. _____ annoiarsi
8. _____ calmarsi

a. divertirsi
b. innervosirsi
c. asciugarsi i capelli
d. alzarsi
e. arrabbiarsi
f. addormentarsi
g. riguardarsi
h. spogliarsi

Esercizio 44

Select the verb or phrase that correctly completes each sentence.

1. Lei deve _____ le unghie. (tagliarsi / arrabbiarsi)

2. Lui deve _____ i capelli con lo shampoo. (tagliarsi / lavarsi)

3. Va tutto bene. Lei non deve _____. (entusiasmarsi / preoccuparsi)

4. Prima di _____, loro vogliono finire l'università. (sposarsi / vestirsi)

5. Per ottenere il diploma, lui deve _____. (prendere buoni voti / marinare la scuola)

6. È tardi. Bisogna _____. (scottarsi / sbrigarsi)

7. Per essere più bella lei vuole _____ il rossetto. (radersi / mettersi)

8. Se vuole imparare una lingua straniera, deve _____ libri in lingua originale. (leggere / disegnare)

9. Domani lei deve _____ presto. (svegliarsi / spogliarsi)

10. Lei è molto stanca. Vuole _____ un po'. (sedersi / alzarsi)

Esercizio 45

Respond in Italian as specified for each of the following situations.

1. List some of the things you do every day, from waking up to going to bed.

_____

_____

_____

_____

_____

2. Describe an excellent teacher that you know.

_____

_____

_____

_____

3. Create five sentences having to do with high school or college.

_____

_____

_____

_____

4. Create five sentences about your emotions or feelings.

_____

_____

_____

_____

Esercizio 46

Translate the following sentences into Italian.

1. *I'm interested in biology and chemistry.*

    _____

2. *You (tu) have to brush your teeth before going to bed.*

    _____

3. *The students must hand in their reports tomorrow.*

    _____

4. *One mustn't get upset. One must relax.*

    _____

5. *The (elementary school) teachers get angry if the pupils play hooky.*

    _____

    _____

6. *She wants to graduate in fine arts.*

    _____

7. *They complain about everything.*

    _____

8. *That professor is very popular and very respected.*

    _____

9. *Many students are absent today.*

    _____

10. *One must pay attention in order not (per non) to hurt oneself.*

    _____

    _____

La salute e gli infortuni
Health and accidents

In this chapter, you will learn the Italian words for illnesses, diseases, parts of the body, medicines, and the hospital. You will be able to describe your symptoms to the doctor and dentist. The vocabulary you learn will enable you to express your ideas about how to lead a healthy life.

Where does it hurt?

Dove ti fa male?

My <u>head</u> hurts. (I have a headache.) Mi fa male <u>la testa</u>. (Ho mal di testa.)
  back la schiena
  mouth la bocca
  stomach la pancia, lo stomaco
  throat la gola

If the part of the body is a plural form, Italian uses the expression **Mi fanno male...**

My <u>ears</u> hurt. (I have an earache.) Mi fanno male <u>le orecchie</u>. (Ho mal di orecchie.)
  eyes gli occhi
  feet i piedi
  legs le gambe

Note the expressions **farsi male** *to hurt oneself* and **farsi male al/allo/all'/alla/alle/ ai/agli** *to hurt one's* + part of the body: **farsi male alla testa** *to hurt one's head*. As with other pronominal verbs, the definite article is used in Italian where English uses the possessive adjective.

Breaks and sprains

Le fratture e le distorsioni

He broke <u>his elbow</u>. Si è rotto <u>il gomito</u>.
  his arm il braccio
  his finger il dito
  his knee il ginocchio
  his neck il collo

                                                                      >>>

his nose	il naso
a rib	una costola
his shoulder	la spalla
a tooth	un dente

Did she break <u>her ankle</u>?	Si è rotta <u>la caviglia</u>?
her toe	il dito del piede
her wrist	il polso

I cut my finger.	Mi sono tagliato il dito.
I fractured my hand.	Mi sono fratturato la mano.
I sprained my ankle.	Mi sono slogato la caviglia.

At the doctor's office

Nello studio medico

A doctor has <u>to examine his patients</u>.	Un medico deve <u>esaminare i pazienti</u>.
to do a blood test	fare un prelievo di sangue
to do a checkup / an examination	fare una visita di controllo
to do a throat culture	fare una coltura batterica della gola
to give an injection	fare un'iniezione
to listen to his patient's chest	ascoltare il petto del paziente
to listen to his patient's lungs	ascoltare i polmoni del paziente
to take his patient's blood pressure	misurare la pressione del paziente
to take his patient's pulse	tastare i battiti del polso del paziente
to take his patient's temperature	misurare la febbre del paziente
to take X-rays	fare le radiografie
to vaccinate children	vaccinare i bambini
to write a prescription	scrivere una ricetta medica

What are your symptoms?

Quali sono i Suoi sintomi?

I feel awful.	Mi sento malissimo.
I don't feel well.	Non mi sento bene.
I feel stressed.	Mi sento stressato/stressata.
I feel tired.	Mi sento stanco/stanca.
I have a backache.	Ho il mal di schiena.
I have chapped lips.	Ho le labbra screpolate.
I'm constipated.	Sono costipato/costipata.
I have diarrhea.	Ho la diarrea.
I have a fever.	Ho la febbre.
I have a headache.	Ho il mal di testa.

I have a migraine.	Ho l'emicrania.
I have a sore throat.	Ho il mal di gola.
I have a stomachache.	Ho il mal di pancia / di stomaco.
I have a stuffy nose.	Ho il naso chiuso.
I have no energy.	Non ho per niente energia.
I'm gaining weight.	Sto ingrassando.
I'm losing weight.	Sto dimagrendo.
I'm nauseous.	Ho la nausea.

Remedies and treatment

La cura

The doctor gave me a prescription.	Il dottore mi ha dato una ricetta.
antibiotics	degli antibiotici
an antihistamine	un antistaminico
some cough drops	delle pastiglie per la tosse
cough syrup	uno sciroppo per la tosse
a flu shot	un vaccino contro l'influenza
an injection	un'iniezione, una puntura
some medicine	delle medicine
a pain killer	un antidolorifico
some pills	delle pillole
sleeping pills	dei sonniferi
a tranquilizer	un sedativo, un tranquillante

What does the patient have?

Che ha il paziente?

He has an illness.	Ha una malattia.
a bruise	un ematoma, un livido
a burn	una scottatura, un'ustione
a cut	un taglio
indigestion	un'indigestione
an infection	un'infezione
an injury	una ferita
a rash	uno sfogo cutaneo, un'eruzione cutanea
a virus	un virus
The patient has a cold.	La paziente ha il raffreddore.
has a cough	ha la tosse
has the flu	ha l'influenza
is in critical condition	è molto grave
is dying	è moribonda

›››

is pregnant	è incinta
is sick	è malata
is sneezing	starnutisce

I have a mosquito bite <u>on my forehead</u>.	Ho una puntura di zanzara <u>sulla fronte</u>.
on my cheek	sulla guancia
on my eyelid	sulla palpebra
on my face	sul viso, sulla faccia

Medical specialists

I medici specialisti

I have an appointment with <u>the doctor</u>.	Ho un appuntamento con <u>il medico</u>.
the cardiologist	il cardiologo / la cardiologa
the dermatologist	il dermatologo / la dermatologa
the family doctor	il medico di famiglia [also fem.: il medico]
the general practitioner	il medico generico
the gynecologist	il ginecologo / la ginecologa
the nurse	l'infermiere / l'infermiera
the obstetrician	l'ostetrico / l'ostetrica
the ophthalmologist	l'oculista [masc./fem.]
the pediatrician	il/la pediatra
the psychiatrist	lo/la psichiatra
the psychologist	lo psicologo / la psicologa

Parts of the body

Le parti del corpo

bones	le ossa [un osso]
brain	il cervello
breast	il seno
chest	il petto
glands	le ghiandole [una ghiandola]
heart	il cuore
hip	l'anca
joints	le articolazioni [un'articolazione]
kidney	il rene
liver	il fegato
lung	il polmone
muscles	i muscoli [un muscolo]
spine	la spina dorsale
thigh	la coscia

Illnesses and medical conditions

an allergy	un'allergia
arthritis	l'artrite [fem.]
asthma	l'asma
bronchitis	la bronchite
cancer	il cancro
cold	il raffreddore
cough	la tosse
diabetes	il diabete
flu	l'influenza
heart attack	l'infarto
heart disease	la malattia cardiaca, la cardiopatia
hypertension	l'ipertensione [fem.]
laryngitis	la laringite
mental illness	la malattia mentale
pneumonia	la polmonite
sinusitis	la sinusite
skin disease	la malattia della pelle
stomach virus	la gastroenterite
strep throat	le placche alla gola
urinary infection	l'infezione del tratto urinario [un'infezione]

Le malattie e le patologie

What does he have?

He's suffering from <u>a serious illness.</u>
  a chronic disease
  a contagious disease
  a fatal disease
  a hereditary disease
  an infectious disease

Di cosa soffre?

(Lui) soffre di <u>una malattia grave.</u>
  una malattia cronica
  una malattia contagiosa
  una malattia mortale
  una malattia ereditaria
  una malattia infettiva

In the dentist's office

The dentist has <u>to fill the tooth.</u>
  to clean the teeth
  to pull a wisdom tooth
  to put on braces

crown
dental checkup
dental floss

Dal dentista

Il dentista deve <u>praticare un'otturazione.</u>
  fare una pulizia dei denti
  estrarre un dente del giudizio
  mettere l'apparecchio ortodontico

la capsula
la visita di controllo dal dentista
il filo interdentale

filling	l'otturazione [fem.]
gums	le gengive
molar	il molare
plaque	la placca
tongue	la lingua
toothache	il mal di denti
to brush one's teeth	lavarsi i denti
to rinse the mouth	sciacquarsi la bocca
to swallow	inghiottire

Accidents — Gli incidenti

The accident victims are in the hospital.	I feriti sono all'ospedale.
in an ambulance	sull'ambulanza
in intensive care	in rianimazione
in the emergency room	al pronto soccorso
bleeding	l'emorragia, la perdita di sangue
casualty	la vittima, il ferito
first aid	il primo soccorso
paramedic	il paramedico

In the operating room — Nella sala operatoria

operation	l'operazione [fem.], l'intervento
surgeon	il chirurgo
surgery	la chirurgia
He's going to have heart surgery.	Subirà un intervento cardiaco.
The surgeon removes the patient's gallbladder.	Il chirurgo toglie la cistifellea al paziente.

To lead a healthy life — Per condurre una vita sana

To lead a healthy life, you have to eat well.	Per condurre una vita sana, bisogna mangiare bene.
to control your weight	mantenere il proprio peso
to drink a lot of water	bere molta acqua
to enjoy life	godersi la vita
to exercise, to work out	fare esercizio fisico
to follow a balanced diet	seguire una dieta bilanciata/equilibrata
to get enough sleep	dormire a sufficienza
to have a positive attitude	avere un atteggiamento positivo

to live with purpose	avere uno scopo nella vita
to reduce stress	ridurre lo stress
to stop smoking	smettere di fumare
to take vitamins	prendere le vitamine

Per parlare un italiano autentico

alternative medicine	la medicina alternativa
over-the-counter medicine	il farmaco da banco, il farmaco senza obbligo di ricetta medica
preventive medicine	la medicina preventiva
remedy	la cura, il rimedio
medicine	la medicina
the five senses	i cinque sensi
sight	la vista
hearing	l'udito
taste	il gusto
smell	l'odorato
touch	il tatto
to be on sick leave	essere in malattia
to look someone over from head to toe	guardare qualcuno dalla testa ai piedi
to prevent	prevenire
to treat	curare
He died of natural causes.	È morto per cause naturali.
His leg is in a cast and he walks with crutches.	Ha la gamba ingessata e cammina con le grucce. [la gruccia]
Her nose is bleeding.	Le sanguina il naso.
I have a sprained ankle.	Mi sono slogato la caviglia.
Alcohol has damaged his liver.	L'alcool gli ha rovinato il fegato.
She has her period.	(Lei) ha il ciclo (mestruale).
I'm taking aspirin for the pain.	Prendo l'aspirina per il dolore.
This child is dehydrated.	Questo bambino è disidratato.
Get well soon!	Guarisci presto!, Rimettiti presto!
Take care (of yourself)!	Abbi cura di te!, Riguardati!
To your health! (a toast)	Salute! Alla salute! Cin cin!
(God) bless you! (sneezing)	Salute!

Proverbi, espressioni e citazioni

It's in his blood.	Ce l'ha nel sangue.
It costs an arm and a leg.	Costa un occhio della testa.
An ounce of prevention is worth a pound of cure.	Prevenire è meglio che curare.
An apple a day keeps the doctor away.	Una mela al giorno toglie il medico di torno.
Health is better than wealth.	La buona salute è la vera ricchezza.
As long as there's life, there's hope.	Finché c'è vita, c'è speranza.
Blood is thicker than water.	La famiglia viene prima di tutto.
Take life as it is, and you'll do just fine.	Chi vuol vivere e star bene, prenda il mondo come viene.
Sound mind, sound body.	Mente sana in corpo sano.
Laughter is the best medicine.	Il riso fa buon sangue.

"Ci sono persone al mondo che si accontentano del pranzo, della cena e di un letto per dormire. Sono gli esseri semplici che sanno ammirare le stelle del cielo e le piccole cose."
    ROMANO BATTAGLIA

"Mangia poco a pranzo e meno ancora a cena; la salute di tutto il corpo si costruisce nel laboratorio dello stomaco."
    MIGUEL DE CERVANTES

"Quando c'è la salute—c'è sempre qualcos'altro che manca."
    GIOVANNI SORIANO

"L'anima libera è rara, ma quando la vedi la riconosci: soprattutto perché provi un senso di benessere, quando gli sei vicino."
    CHARLES BUKOWSKI

"Tutto ciò che fa nobile e viva la vita, dipende dal vigore del corpo, e senza quello non ha luogo."
    GIACOMO LEOPARDI

"Siccome una giornata bene spesa dà lieto dormire, così una vita bene usata dà lieto morire."
    LEONARDO DA VINCI

Esercizio 47

Complete each Italian phrase so that it expresses the meaning of the English phrase.

1. *a wisdom tooth*   un dente _____

2. *first aid*   il primo _____

3. *He has a cold.*   Ha il _____.

4. *a mosquito bite*   _____ di zanzara

5. *a backache*   un mal _____

6. *dental floss*   il filo _____

7. *a balanced diet*   una dieta _____

8. *cough drops*   pastiglie _____

9. *to live with purpose*   avere _____ nella vita

10. *with his leg in a cast*   con la gamba _____

11. *Her nose is bleeding.*   Le sanguina _____.

12. *the family doctor*   il medico _____

13. *Blood is thicker than water.* _____ viene prima di tutto.

14. *My eyes hurt.*   _____ gli occhi.

15. *I feel awful.*   _____ malissimo.

Esercizio 48

Select the verb from the following list that correctly completes each phrase.

slogarsi   scrivere   avere   guardare   sciacquarsi
praticare   bere   mantenere   vaccinare   fare
misurare   guarire   essere   subire

1. _____ mal di testa

2. _____ la caviglia

3. _____ un'iniezione

4. _____ un intervento

5. _____ acqua

6. _____ la febbre

7. _____ il bambino contro la varicella

8. _____ una ricetta

9. _____ qualcuno dalla testa ai piedi

10. _____ il peso

11. _____ un'otturazione

12. _____ la bocca

13. _____ presto

14. _____ costipato

Esercizio 49

Select the word or phrase in the second column that completes the sentence or phrase in the first column.

1. _____ Ha le labbra   a. di stomaco

2. _____ Meglio prevenire   b. un occhio della testa

3. _____ Mi sono fratturato   c. il proprio peso

4. _____ Ho mal   d. nella vita

5. _____ È morto   e. un osso

6. _____ Un antidolorifico   f. i denti

7. _____ Ha la gamba   g. ingessata

8. _____ Costa   h. che curare

9. _____ Lavarsi   i. per la tosse

10. _____ Mantenere   j. per cause naturali

11. _____ Pastiglie   k. per il dolore

12. _____ Avere uno scopo   l. screpolate

Esercizio 50

Respond in Italian as specified for each of the following situations.

1. **Una visita dal medico.** You go to the doctor because you're not feeling well. Detail your symptoms, what hurts you, what kind of doctor you're seeing, and what he or she prescribes.

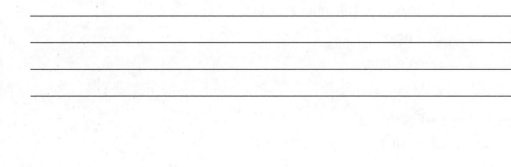

_____

_____

_____

_____

_____

_____

_____

_____

_____

2. **Sei un medico.** You are a family doctor or internist. Describe some of the things you do for your patients.

_____

_____

_____

_____

_____

_____

_____

3. **La storia clinica.** You are filling out a medical history for your doctor. List the diseases that you and your family members have or had.

_____

_____

_____

_____

_____

_____

_____

_____

_____

Esercizio 51

Unscramble the letters in each item to create a word that appears in the chapter.

1. irgrohuc _____
2. lpaacc _____
3. iienienoz _____
4. ioianibtcot _____
5. deisvaot _____
6. sltiocua _____
7. ordfrrefade _____
8. igetrtaorseetn _____
9. zteatoonuri _____
10. ocogngieol _____

Esercizio 52

Translate the following sentences into Italian.

1. *I have an appointment with the family doctor.*

   _____

2. *I'm taking aspirins for the pain.*

   _____

3. *The patient is suffering from an infectious disease.*

   _____

4. *The doctor gave me some medicine for my cold.*

   _____

5. *He has a rash on his face.*

   _____

6. *I don't feel well. I have no energy and I'm losing weight.*

   _____

   _____

7. *I have to do a blood test.*

   _____

8. *She broke her elbow and has her arm in a cast.*

   _____

9. *The dentist has to pull a wisdom tooth.*

   _____

10. *The accident victims are in critical condition and are in intensive care.*

    _____

    _____

9

La famiglia e i rapporti umani; descrivere le persone

Family and relationships; describing people

This chapter presents Italian terms for members of the family, as well as vocabulary that will enable you to talk about age, civil status, and physical and personality traits. You will learn how to describe your relationships and talk about important stages of life.

A possessive adjective in Italian agrees in gender and number with the noun it modifies. Thus, *my* is **il mio** before a masculine singular noun, **la mia** before a feminine singular noun, **i miei** before a masculine plural noun, and **le mie** before a feminine plural noun. The article is omitted before a family member that is singular and has no diminutive ending.

Family	**La famiglia**
Do you know my father?	(Lei) conosce mio padre?
my mother	mia madre
my parents	i miei genitori
my brother	mio fratello
my sister	mia sorella
my older brother	il mio fratello più grande, il mio fratello maggiore
my older sister	la mia sorella più grande, la mia sorella maggiore
my younger brother	il mio fratello più piccolo, il mio fratello minore
my younger sister	la mia sorella più piccola, la mia sorella minore
my grandfather	mio nonno
my grandmother	mia nonna
my grandparents	i miei nonni
my great-grandfather	il mio bisnonno
my great-grandmother	la mia bisnonna
my great-grandparents	i miei bisnonni

>>>

>>>

my son	mio figlio
my daughter	mia figlia
my children	i miei figli
my grandson	mio nipote
my granddaughter	mia nipote
my grandchildren	i miei nipoti
my great-grandson	il mio pronipote
my great-granddaughter	la mia pronipote
my half brother	il mio fratellastro, il fratello di padre, il fratello di madre
my half sister	la mia sorellastra, la sorella di padre, la sorella di madre
my kid brother	il mio fratellino, mio fratello più piccolo
my kid sister	la mia sorellina, mia sorella più piccola
my stepson	il mio figliastro, il figlio di mio marito, il figlio di mia moglie
my stepdaughter	la mia figliastra, la figlia di mio marito, la figlia di mia moglie
my firstborn (oldest child)	il mio primogenito
my firstborn (daughter)	la mia primogenita
my last born (youngest child)	il mio ultimogenito
my last born (daughter)	la mia ultimogenita
my adopted son	il mio figlio adottivo
my adopted daughter	la mia figlia adottiva
my husband	mio marito
my wife	mia moglie

Il tuo follows the same pattern as **il mio**. **Il tuo** means *your* before a masculine singular noun, **la tua** means *your* before a feminine singular noun, **i tuoi** means *your* before a masculine plural noun, and **le tue** means *your* before a feminine plural noun.

In Italian, **nipote** can mean *nephew, niece, grandson,* or *granddaughter*. The article and the context clarify which is meant.

Relatives

I parenti

I'd like to meet your uncle.	Vorrei conoscere tuo zio.
your aunt	tua zia
your nephew	tuo nipote
your niece	tua nipote
your (male) cousin	tuo cugino
your (female) cousin	tua cugina
your cousins	i tuoi cugini
your brother-in-law	tuo cognato
your sister-in-law	tua cognata
your father-in-law	tuo suocero
your mother-in-law	tua suocera
your son-in-law	tuo genero
your daughter-in-law	tua nuora
your twin brothers	i tuoi fratelli gemelli
your twin sisters	le tue sorelle gemelle

The family for dinner

La famiglia a tavola

We're going to invite our in-laws.	Invitiamo i suoceri.
the close relatives	i parenti stretti
the distant relatives	i parenti alla lontana
all the relatives	tutti i parenti

The possessive adjective **suo** means *his/her/its*. **Il suo** is used before a masculine singular noun, **la sua** before a feminine singular noun, **i suoi** before a masculine plural noun, and **le sue** before a feminine plural noun. These forms may also mean *your* (formal), referring to **Lei**; when they are used with this meaning, they are capitalized: **il Suo, la Sua, i Suoi, le Sue.**

Baptism

Il battesimo

She introduced me to her godfather.	(Lei) mi ha presentato il suo padrino.
her godmother	la sua madrina
her godparents	il suo padrino e la sua madrina
her godson	il suo figlioccio
her goddaughter	la sua figlioccia
her godchildren	i suoi figliocci

Although **celibe** and **nubile** refer to an unmarried man and an unmarried woman, respectively, more and more Italians are using the English term *single* to refer to both.

What is his/her civil status?

Qual è il suo stato civile?

He's single. She's single.	Lui è celibe/single. Lei è nubile/single.
He's married. She's married.	Lui è sposato. Lei è sposata.
He's a widower. She's a widow.	Lui è vedovo. Lei è vedova.
He's divorced. She's divorced.	Lui è divorziato. Lei è divorziata.
He's separated. She's separated.	Lui è separato. Lei è separata.
He's remarried. She's remarried.	Lui è risposato. Lei è risposata.
He's a confirmed bachelor.	(Lui) è uno scapolo convinto.
She's an unmarried woman.	(Lei) è una zitella.

Italian uses the verb **avere** in expressions of age: **Quanti anni hai? Ho ventidue anni.** *How old are you? I'm twenty-two.*

Even though the words **papà** *dad* and **mamma** *mom* are considered terms of endearment/diminutives in Italian, the article may be omitted before a possessive adjective that precedes them: **mio papà, mia mamma, tuo papà, tua mamma, suo papà, sua mamma.**

How old is he?

Quanti anni ha?

How old is your friend?	Quanti anni ha il tuo amico?
your boyfriend	il tuo ragazzo
the little boy	il bambino, il ragazzino
your fiancé	il tuo fidanzato
your dad	tuo papà
that man	quell'uomo
that man, that gentleman	quel signore
that young man	quel ragazzo
How old is your (female) friend?	Quanti anni ha la tua amica?
your girlfriend	la tua ragazza
the little girl	la bambina, la ragazzina
your fiancée	la tua fidanzata
your mom	tua mamma

>>>

›››

that woman	quella donna
that woman, that lady	quella signora
that young woman	quella ragazza

In modern Italian, the term **Signora** *Mrs.* is used more and more to refer to unmarried women as well as married ones, and has therefore become the equivalent of English *Ms.*

How old are they? | ## Quanti anni hanno?

The baby is six months old.	Il bambino/bimbo ha sei mesi.
Miss Marini is twenty-three years old.	La Signorina Marini ha ventitré anni.
Mr. Palmieri is fifty-seven years old.	Il Signor Palmieri ha cinquantasette anni.
Mrs. Bruni is thirty-nine years old.	La Signora Bruni ha trentanove anni.
Paolo was orphaned at the age of eight.	Paolo è diventato orfano a otto anni.
Chiara was orphaned at the age of five.	Chiara è diventata orfana a cinque anni.

Human relations | ## I rapporti umani

Their relationship is close.	I loro rapporti sono stretti.
changing	mutevoli
cold	freddi
complex	complessi
complicated	complicati
confusing	confusi
cordial	cordiali
difficult	difficili
distant	distanti
harmonious	armoniosi
hostile	ostili
intimate	intimi
loving	affettuosi
professional	professionali
respectful	rispettosi
serious	seri
solid	solidi
stormy	turbolenti
strange	strani

The masculine singular form of the adjective is indicated in square brackets if it differs from the feminine form. (**La famiglia** is a feminine noun in Italian.)

What's this family like?

They're a very happy family.

close
conservative
hospitable
large
open-minded
poor
religious
respected
rich
traditional
welcoming

Com'è questa famiglia?

È una famiglia molto felice.

unita [masc.: unito]
conservatrice [masc.: conservatore]
ospitale
numerosa [masc.: numeroso]
aperta di mente [masc.: aperto]
povera [masc.: povero]
religiosa [masc.: religioso]
rispettata [masc.: rispettato]
ricca [masc.: ricco]
tradizionale
accogliente

The word **persona** is always grammatically feminine even when it refers to a male. Any adjective that modifies it therefore appears in the feminine form. The masculine form of an adjective is indicated in square brackets if it differs from the feminine form.

Character and personality

What's he/she like?
He's/She's a charming person.

boring
brave
calculating
calm
calm, level-headed
capable, competent
competitive
conceited
cowardly
crazy
creative
curious
dishonest

Il carattere e la personalità

Com'è lui/lei?
È una persona affascinante.

noiosa [masc.: noioso]
coraggiosa [masc.: coraggioso]
calcolatrice [masc.: calcolatore]
calma [masc.: calmo]
posata [masc.: posato]
competente
competitiva [masc.: competitivo]
vanitosa [masc.: vanitoso]
codarda [masc.: codardo], vile
pazza [masc.: pazzo]
creativa [masc.: creativo]
curiosa [masc.: curioso]
disonesta [masc.: disonesto]

>>>

focused	determinata [masc.: determinato]
generous	generosa [masc.: generoso]
gullible	influenzabile, ingenua [masc.: ingenuo]
hard-working	laboriosa [masc.: laborioso], diligente
hypocritical	ipocrita
kind	gentile
lazy	pigra [masc.: pigro]
loyal	leale, fedele
mean	cattiva [masc.: cattivo]
naive	ingenua [masc.: ingenuo]
nervous	nervosa [masc.: nervoso]
nice	simpatica [masc.: simpatico]
patient	paziente
pessimistic	pessimista
phony	falsa [masc.: falso]
pleasant	piacevole, gradevole
realistic	realista
responsible	responsabile
self-assured	sicura di sé [masc.: sicuro]
selfish	egoista
sensible	ragionevole, saggia [masc.: saggio]
sensitive	sensibile
shameless	sfrontata [masc.: sfrontato]
shy	timida [masc.: timido]
silly	sciocca [masc.: sciocco]
sincere	sincera [masc.: sincero]
sociable	socievole, affabile
stingy	avara [masc.: avaro]
stubborn	testarda [masc.: testardo]
stupid	stupida [masc.: stupido], ottusa [masc.: ottuso]

He's/She's an <u>amusing</u> person.	È una persona <u>divertente</u>.
annoying	sgradevole
arrogant	arrogante
embittered	amareggiata [masc.: amareggiato]
honest	onesta [masc.: onesto]
idealistic	idealista
insufferable	insopportabile
intelligent	intelligente

interesting	interessante
optimistic	ottimista
unpleasant	antipatica [masc.: antipatico]

What does he look like? ## Com'è (lui)?

My brother is <u>attractive</u>.	Mio fratello è <u>attraente</u>.
awkward, clumsy	impacciato [fem.: impacciata]
blond	biondo [fem.: bionda]
cute	carino [fem.: carina]
dark-haired	bruno [fem.: bruna]
fat	grasso [fem.: grassa]
old	anziano [fem.: anziana]
short	basso [fem.: bassa]
strong, powerful	forte
tall	alto [fem.: alta]
thin	magro [fem.: magra]
ugly	brutto [fem.: brutta]
unattractive	poco attraente
weak	debole
young	giovane

She has <u>blue</u> eyes.	(Lei) ha gli occhi <u>celesti</u>.
brown	castani, marroni
gray	grigi
green	verdi
hazel	nocciola

The adjective **bello** *beautiful, handsome* resembles the definite article in its forms.

	Masculine	Feminine
Singular	bel, bello, bell'	bella, bell'
Plural	bei, begli	belle

Beauty ## La bellezza

That young man is handsome.	Quel ragazzo è bello.
That young girl is beautiful.	Quella ragazza è bella.
Those men are handsome.	Quegli uomini sono belli.
Those women are beautiful.	Quelle donne sono belle.
He's a handsome man.	È un bell'uomo.

The stages of life	**Le tappe della vita**
birth	la nascita
baptism	il battesimo
first communion	la prima comunione
school	la scuola, gli studi
military service	il servizio militare
college	l'università [fem.]
graduation	il diploma, la laurea
work	il lavoro
engagement	il fidanzamento
marriage, wedding	il matrimonio
pregnancy	la gravidanza, la maternità
children	i figli [un figlio / una figlia]
divorce	il divorzio
remarriage	il secondo matrimonio
retirement	la pensione
old age	la terza età, la vecchiaia
death	la morte

Per parlare un italiano autentico

a dog's life	una vita da cani
a family man	un uomo casa e famiglia
a family tree	un albero genealogico
for life	per tutta la vita
a new lease on life	nuove prospettive
big brother	il grande fratello
a sister city	una città gemellata
to depart this life	lasciare questo mondo
to be emotionally disturbed	avere dei problemi affettivi
Get a life!	Datti una svegliata!

Proverbi, espressioni e citazioni

He was born with a silver spoon in his mouth.	È nato con la camicia.
The twins are as alike as two peas in a pod.	I gemelli si somigliano come due gocce d'acqua.

There is no other love like the love for one's children.	All'amor per i figli, non c'è amor che somigli.
Blood is thicker than water.	Il sangue non è acqua.
Never interfere between husband and wife.	Tra moglie e marito non mettere il dito.
Stick to your own kind.	Moglie e buoi dei paesi tuoi.
He who finds a friend, finds a treasure.	Chi trova un amico, trova un tesoro.
A friend in need is a friend indeed.	Un amico si riconosce nel momento del bisogno.

"Nessun affetto nella vita uguaglia quello della madre."

ELSA MORANTE

"Le verità che contano, i grandi principi, alla fine, restano due o tre. Sono quelli che ti ha insegnato tua madre da bambino."

ENZO BIAGI

"È il pensiero della morte che, infine, aiuta a vivere."

UMBERTO SABA

"Più invecchio anch'io, più mi accorgo che l'infanzia e la vecchiaia non solo si ricongiungono, ma sono i due stati più profondi in cui ci è dato vivere. In essi si rivela la vera essenza di un individuo."

MARGUERITE YOURCENAR

"Ogni persona che passa nella nostra vita è unica. Sempre lascia un po' di sé e si porta via un po' di noi."

JORGE LUIS BORGES

"Non perdete mai il vostro entusiasmo infantile per tutto il viaggio che è la vita."

FEDERICO FELLINI

"Quando la felicità di qualcuno diventa la tua felicità, questo è l'amore."

LANA DEL REY

Esercizio 53

Complete each sentence with the term for the appropriate family member.

1. La figlia di mia zia è _____.

2. Il padre di mia nonna è _____.

3. Il figlio di mio padre è _____.

4. La moglie di mio figlio è _____.

5. Il fratello di mia madre è _____.

6. Il marito di mia sorella è _____.

7. La madre di mio marito è _____.

8. Il marito di mia figlia è _____.

9. Il fratello più grande di me è il mio fratello _____.

10. La sorella più piccola di me è la mia sorella _____.

Esercizio 54

Indicate whether the two words in each pair are synonyms or antonyms.

	Synonyms	Antonyms
1. stretto ~ alla lontana	☐	☐
2. biondo ~ bruno	☐	☐
3. simpatico ~ sgradevole	☐	☐
4. codardo ~ vile	☐	☐
5. la vita ~ la morte	☐	☐
6. grasso ~ magro	☐	☐
7. ricco ~ povero	☐	☐
8. calmo ~ posato	☐	☐
9. sposata ~ nubile	☐	☐
10. stupido ~ sciocco	☐	☐

Esercizio 55

For each family member listed, give the corresponding family member of the opposite gender. Be sure to change the definite article or possessive adjective where necessary.

1. mio zio _____

2. mio cugino _____

3. mia moglie _____

4. mio figlio adottivo _____

5. la vedova _____

6. mio nonno _____

7. il mio figlioccio _____

8. la mia madrina _____

9. mio genero _____

10. mia cognata _____

Esercizio 56

Unscramble the letters in each item to create a word that appears in the chapter.

1. nisnnboo _____
2. itrizdaovo _____
3. imanbob _____
4. ioagsrn _____
5. eefcli _____

6. aiafenfascnt _____
7. tiroomiman _____
8. isgotea _____
9. neoeinps _____
10. npirate _____

Esercizio 57

Describe three members of your family. Tell who they are, their ages, what they look like, and their character and personality traits.

_____

_____

_____

_____

_____

_____

_____

_____

Esercizio 58

Describe what you look like and your character and personality traits.

_____

_____

_____

_____

_____

_____

_____

Esercizio 59

Translate the following sentences into Italian.

1. *The brothers are as alike as two peas in a pod.*

   _____

2. *Her fiancé is hard-working and intelligent.*

   _____

3. *We're going to invite all our relatives to the wedding.*

   _____

   _____

4. *She introduced me to her godchildren.*

   _____

5. *I would like to meet your (tu) parents.*

   _____

6. *She was born with a silver spoon in her mouth.*

   _____

7. *Her cousins are mean and insufferable.*

   _____

8. *My cousin is a family man.*

   _____

9. *They're a very hospitable family.*

   _____

10. *He's a handsome man, but he's very conceited.*

    _____

10

Lo svago e il divertimento: la musica, il teatro, il cinema e le arti visive

Entertainment and amusements: music, theater, movies, and the visual arts

This chapter presents vocabulary that will enable you to describe a concert, a play, a film, and a visit to the art museum. You will learn how to express time in Italian so that you can tell at what time the concert starts. You will also be able to talk about your experiences playing an instrument, making a film, and painting a picture.

Music for all tastes	**Musica per tutti i gusti**
I love <u>classical music</u>.	(Io) amo <u>la musica classica</u>.
ballet music	la musica da balletto
chamber music	la musica da camera
disco music	la musica da discoteca
electronic music	la musica elettronica
folk music	la musica folcloristica, la musica folk
Latin music	la musica latino-americana
musical theater	il teatro musicale
opera	l'opera
rock	la musica rock, il rock
sacred music	la musica sacra
techno music	la musica techno
vocal music	la musica vocale
world music	la musica etnica, la world music

The verb **suonare** *to play* is followed by the definite article before the name of a musical instrument.

Musical instruments

Do you know how to play the violin?

the bassoon	
the cello	
the clarinet	
the drum	
the English horn	
the flute	
the French horn	
the guitar	
the harp	
the harpsichord	
the oboe	
the organ	
percussion	
the piano	
the piccolo	
the recorder	
the saxophone	
the trombone	
the trumpet	
the tuba	
the viola	

Gli strumenti musicali

Sai suonare il violino?

il fagotto
il violoncello
il clarinetto
il tamburo
il corno inglese
il flauto
il corno francese
la chitarra
l'arpa
il clavicembalo
l'oboe [masc.]
l'organo
lo strumento a percussione
il piano, il pianoforte
l'ottavino
il flauto dolce
il sassofono
il trombone
la tromba
la tuba
la viola

Artists and performers

band
choir, chorus
conductor
dancer
ensemble, music group
instrumentalist
musician
performer
singer
street musician

Gli artisti e i musicisti

la banda
il coro
il direttore d'orchestra
il ballerino / la ballerina
il complesso (musicale)
lo/la strumentista
il/la musicista
il/la musicista
il/la cantante
il/la musicista di strada

She likes <u>to dance</u>.	Le piace <u>ballare</u>.
to conduct	dirigere
to sing	cantare

The symphony orchestra

L'orchestra sinfonica

There are four sections in the orchestra.	Ci sono quattro sezioni nell'orchestra.
woodwinds	i legni
brass	gli ottoni
strings	gli strumenti a corda
percussion	le percussioni

The concert hall

La sala da concerti

acoustics	l'acustica
baton	la bacchetta
microphone	il microfono
recording/sound engineer	il tecnico del suono
rehearsal	le prove
dress rehearsal	le prove costume
score	la partitura
stand	il podio

Beethoven was a great composer.	Beethoven era un grande compositore.
The audience applauded a lot.	Il pubblico ha applaudito molto.
The dancers received a round of applause.	I ballerini hanno ricevuto molti applausi.
The audience is waiting for an encore.	Il pubblico attende un bis.
We loved his performance of the sonata.	Ci è piaciuta molto la sua interpretazione della sonata.
We attended the world premiere of the symphony.	Abbiamo assistito all'anteprima mondiale della sinfonia.
The song has a beautiful melody and beautiful lyrics.	La canzone ha una bella melodia e un bel testo.

In Italian, you ask the time by saying **Che ora è?** or **Che ore sono?** To ask about the time at which something happens, use **A che ora...?: A che ora arriva il treno?** *When does the train arrive?*

Telling time and expressions of time

L'ora e le espressioni di tempo

What time is it?	Che ora è? / Che ore sono?
It's one o'clock.	È l'una.
It's two o'clock.	Sono le due.

In Italy, a 24-hour clock is used for official purposes such as train and plane schedules, show times, and TV listings. In the 24-hour clock, the minutes past the hour are counted from 1 to 59. Forms such as **e un quarto, e mezzo**, and **meno un quarto** are not used.

It's 4:15.	Sono le quattro e un quarto. / Sono le quattro e quindici.
It's 7:30.	Sono le sette e mezzo/mezza. / Sono le sette e trenta.
It's ten to nine.	Sono le nove meno dieci. / Sono le otto e cinquanta.
It's 10:45.	Sono le undici meno un quarto. / Sono le dieci e quarantacinque.
It's noon.	È mezzogiorno.
It's midnight.	È mezzanotte.

To express the time at which something occurs, Italian uses the preposition **a**. The equivalents of English AM and PM are the Italian phrases **di mattina, di pomeriggio, di sera**, and **di notte** added to the expression of time.

At what time is the concert?

A che ora è il concerto?

The concert is <u>at 3:00 PM</u>.
  at 8:00 PM
  at 11:00 AM

Il concerto è <u>alle tre di pomeriggio</u>.
  alle otto di sera
  alle undici di mattina

We'll get to the movie theater <u>about 7:00</u>.
  at exactly seven o'clock
  early
  on time
  late

Arriveremo al cinema <u>verso le sette</u>.
  alle sette in punto, alle sette precise
  in anticipo
  in orario
  in ritardo

To talk about time

Per parlare del tempo

I'm going to take a flute lesson <u>today</u>.
  tomorrow
  tomorrow morning
  tomorrow afternoon
  tomorrow evening
  the day after tomorrow
  on Wednesday
  this week

Vado a una lezione di flauto <u>oggi</u>.
  domani
  domani mattina, domattina
  domani pomeriggio
  domani sera
  dopodomani
  mercoledì
  questa settimana

>>>

during the week	durante la settimana
next week	la settimana prossima
next month	il mese prossimo
around the beginning of the month	verso l'inizio del mese
around the middle of the month	verso la metà del mese
around the end of the month	verso la fine del mese

At the theater

A teatro

We're going to see a show tonight.	Andiamo a vedere uno spettacolo stasera.
a comedy	una commedia
a drama	un dramma
a musical	una commedia musicale, un musical
a play	un'opera teatrale
a tragedy	una tragedia

The theater

Il teatro

There's the stage.	Ecco il palcoscenico.
the audience	il pubblico
the balcony	la balconata, la galleria
the box office	il botteghino
the curtain	il sipario
the scenery, the set	la scena, il set

There are the rows.	Ecco le file.
the costumes	i costumi di scena
the seats	i posti a sedere

The play

L'opera teatrale

act	l'atto
actor	l'attore [masc.]
actress	l'attrice [fem.]
audition	l'audizione [fem.]
cast	il cast
character	il personaggio
dialogue	il dialogo
intermission	l'intervallo
monologue	il monologo
playwright	il drammaturgo
plot	la trama

protagonist	il/la protagonista
scene	la scena
script	il copione
a smash hit	un grande successo
understudy	il sostituto
villain	il cattivo
to act	recitare
to come on stage, to go on stage	andare in scena
to go on tour, to go on the road	andare in tournée, essere in tournée
to play the part/role	recitare la parte, recitare il ruolo
to stage	mettere in scena
Everyone on stage!	Tutti in scena!
The box office opens at 10:00 AM.	Il botteghino apre alle dieci di mattina.
There are some tickets available.	Ci sono dei biglietti disponibili.
The tickets are sold out.	I biglietti sono esauriti.
The play ran for two years.	Lo spettacolo è andato in scena per due anni.

Movies — Il cinema

action film	il film d'azione
adventure film	il film d'avventura
art film	il film d'autore
blockbuster	il film di successo
cartoon	il cartone animato
censorship	la censura
cinematography	la cinematografia
documentary	il documentario
ending	il finale
film	il film
film noir	il film noir
filmmaker	il/la regista, il/la cineasta
foreign film	il film straniero
historical film	il film storico
horror film	il film dell'orrore, il film horror
movie buff	il cinefilo
movie fan	l'appassionato/l'appassionata di cinema
movie star	la star del cinema, la stella del cinema
mystery	il film poliziesco
photography	la fotografia

premiere	la prima (del film)
producer	il produttore / la produttrice
review	la recensione
science fiction film	il film di fantascienza
screen	lo schermo
short	il cortometraggio
silent film	il film muto
television film	il film per la televisione
thriller	il thriller
a twist in the plot	un colpo di scena
war film	il film di guerra
western	il film western
to dub	doppiare
to make/shoot a film	girare un film
to play/show a film	dare un film, mostrare un film
to premiere	dare la prima
to win an Oscar	vincere un Oscar, ricevere un Oscar
movie theaters and schedules	il cinema e gli orari degli spettacoli
What film is showing this week?	Che film danno questa settimana?
Where is that film playing?	Dove danno quel film?
The film was well received.	Il film è stato un successo.
Casablanca *won the Oscar for Best Film in 1944.*	*Casablanca* ha ricevuto l'Oscar per miglior film nel millenovecentoquarantaquattro.
The 30s and 40s: "The Golden Age of Hollywood"	Gli anni trenta e quaranta: "L'età dell'oro di Hollywood"

Radio and television

La radio e la televisione

announcer (radio, TV)	l'annunciatore / l'annunciatrice
channel (TV)	il canale
commercials	la pubblicità
educational channel	il canale educativo
music program	il programma musicale
news (radio, TV)	il notiziario
news (TV)	il telegiornale
quiz show	il telequiz
radio (broadcasting)	la radio
radio (set)	la radio
radio program	il programma radio

reality show	il reality show
recorded program	il programma registrato
serial	il serial
station (radio)	la stazione
talk show	il talk show
television show	il programma televisivo
TV	la televisione, la TV

At the art museum

Al museo d'arte

art gallery	la galleria d'arte, la pinacoteca
curator	il curatore / la curatrice
drawing	il disegno
engraving	l'incisione [fem.], la litografia
exhibition, exhibit	l'esposizione [fem.], la mostra
landscape	il paesaggio
museum piece	il pezzo da museo
oil painting	la pittura a olio
painting (on a wall)	il dipinto, il quadro
portrait	il ritratto
poster	il manifesto, il poster
print	la stampa
room (in a museum)	la sala
sculpture	la scultura
self portrait	l'autoritratto
sketch	lo schizzo
still life	la natura morta

Arts

Le arti

architecture	l'architettura
arts and crafts	le arti e i mestieri
ceramics	la ceramica
fine arts	le belle arti
graphic arts	le arti grafiche
pottery	la ceramica

The painter's studio

There is a canvas.
   an easel
   a masterpiece
   a model
   a palette
   a palette knife

There are paints.
   brushes
   frames
   oil paintings
   watercolors

He loves to paint.
   to draw
   to sculpt
   to sketch

Artists and art experts

He's a craftsman.
   an antique dealer
   an art connoisseur/expert
   an art dealer
   a landscape painter
   a photographer
   a portrait painter, a portraitist
   a sculptor

Describing artists and their work

abstract
accessible
aesthetic
artistic
avant-garde
creative
evocative
imaginative
innovative

L'atelier del pittore

C'è una tela.
   un cavalletto
   un capolavoro
   un modello / una modella
   una tavolozza
   una spatola

Ci sono delle pitture.
   dei pennelli
   delle cornici
   delle pitture a olio
   delle acquerelli

(Lui) ama dipingere.
   disegnare
   scolpire
   fare degli schizzi

Gli artisti e gli intenditori d'arte

È un artigiano.
   un antiquario
   un esperto d'arte, un intenditore d'arte
   un commerciante d'arte
   un paesaggista
   un fotografo
   un ritrattista
   uno scultore

Descrivere gli artisti e le loro opere

astratto/astratta
accessibile
estetico/estetica
artistico/artistica
d'avanguardia
creativo/creativa
suggestivo/suggestiva
fantasioso/fantasiosa
innovativo/innovativa

inspiring	stimolante
minimalist	minimalista
naturalist	naturalista
picturesque	pittoresco/pittoresca
prolific	prolifico/prolifica
realist	realista, verista
romantic	romantico/romantica
sensitive	sensibile
stylized	stilizzato/stilizzata
surrealist	surrealista
talented	di talento

Per parlare un italiano autentico

to be all show	essere tutta scena, essere solo apparenza
to have a good time	divertirsi
to steal the show	rubare la scena
It's about time!	Era ora!
The child prodigy plays by ear.	Il bambino prodigio suona a orecchio.
The piano is a keyboard instrument.	Il piano/pianoforte è uno strumento a tastiera.

Proverbi, espressioni e citazioni

It's always the same old thing.	È sempre la stessa solfa.
Don't put off until tomorrow what you can do today.	Chi ha tempo non aspetti tempo.
Time is money.	Il tempo è denaro.

"Non credo che possa esistere un artista senza la timidezza, la timidezza è una sorgente di ricchezza straordinaria: un artista è fatto di complessi."
    FEDERICO FELLINI

"Prima era prima, ora è ora, e dopodomani si spera."
    DANIELE SILVESTRI

"La musica è l'armonia dell'anima."
    ALESSANDRO BARICCO

"Chi sa fare la musica la fa, chi la sa fare meno la insegna, chi la sa fare ancora meno la organizza, chi la sa fare così così la critica."

LUCIANO PAVAROTTI

"Il cinema è la nuova letteratura."

CECIL B. DEMILLE

Esercizio 60

Complete each Italian phrase so that it expresses the meaning of the English phrase.

1. *a masterpiece*   un _____

2. *at exactly eight o'clock*   alle otto _____

3. *conductor*   il _____ d'orchestra

4. *street musician*   il musicista _____

5. *a round of applause*   molti _____

6. *They are waiting for an encore.*   Attendono il _____.

7. *the world premiere*   l'anteprima _____

8. *blockbuster*   il film _____

9. *toward the middle of the month*   verso _____ del mese

10. *to go on stage*   andare _____

11. *to play the violin*   _____ il violino

12. *during the week*   _____ la settimana

13. *tomorrow morning*   domani _____

14. *dress rehearsal*   le prove _____

15. *an oil painting*   una pittura _____

16. *to sketch*   fare uno _____

17. *the art gallery*   _____ d'arte

18. *still life*   la natura _____

19. *a flute lesson*   _____ di flauto

20. *available tickets*   dei biglietti _____

Esercizio 61

Select the verb from the following list that correctly completes each sentence.

ballare   andare   recitare   vedere
mettere   dirigere   doppiare   vincere

1. (Lui) preferisce _____ l'orchestra con una bacchetta.
2. La cantante vuole _____ in tournée.
3. (Loro) devono _____ il film in italiano.
4. Quale ruolo devi _____?
5. Quel film ha buone probabilità di _____ l'Oscar.
6. La compagnia ha deciso di _____ in scena una tragedia.
7. Che film vuoi _____?
8. Ti piace _____ in discoteca?

Esercizio 62

Unscramble the letters in each item to create a word from the world of the arts.

1. tnoegbihto _____
2. aeggpissata _____
3. etmsutorn _____
4. tuirpta _____
5. aalzvozot _____
6. nsogeid _____

7. agorftaoif _____
8. aenigoorgsp _____
9. daaogmumrtr _____
10. tiaspoortgan _____
11. oelifinc _____
12. nasucre _____

Esercizio 63

Give the noun that appears in this chapter that is the Italian cognate for each of the following English words. Include the definite article with the noun.

1. *orchestra* _____
2. *gallery* _____
3. *ceramics* _____
4. *prodigy* _____
5. *monologue* _____

6. *tragedy* _____

7. *melody* _____

8. *protagonist* _____

9. *concert* _____

10. *guitar* _____

11. *theater* _____

12. *dialogue* _____

13. *curator* _____

14. *documentary* _____

15. *photographer* _____

Esercizio 64

Use the vocabulary in this chapter to discuss the following topics.

1. **La musica.** Tell about your musical interests: what kind of music you like and your favorite instrumental and vocal performers. Talk about the musical instrument you play and your experience playing in an orchestra or band.

   _____

   _____

   _____

   _____

   _____

2. **Il teatro.** Describe a play you attended, the actors who performed, and what roles they played. What did you like or not like about the play?

   _____

   _____

   _____

   _____

   _____

3. **Il cinema.** Tell about a film you saw and why you liked or didn't like it. What are your favorite films? Who are your favorite actors and directors?

_____

_____

_____

_____

_____

4. **L'arte.** Describe the paintings and sculpture you see as you walk around the art museum. Who are your favorite artists? Describe some of their works. If you paint or do other types of art, talk about your work.

_____

_____

_____

_____

_____

Esercizio 65

Give the noun that appears in this chapter that is derived from each of the following verbs. Include the definite article with the noun.

1. recensire _____
2. ballare _____
3. stampare _____
4. doppiare _____
5. distribuire _____
6. interpretare _____
7. finire _____
8. filmare _____
9. produrre _____
10. curare _____
11. dipingere _____
12. disegnare _____

Esercizio 66

Translate the following sentences into Italian.

1. *I know how to play the clarinet.*

   _____

2. *I want to take piano lessons.*

   _____

3. *He's a landscape painter.*

   _____

4. *We would like to get tickets for the concert.*

   _____

5. *At what time does the movie start?*

   _____

6. *This art dealer has many abstract paintings.*

   _____

7. *This musician plays by ear.*

   _____

8. *The violin is a string instrument.*

   _____

9. *The actors received a round of applause.*

   _____

10. *I am going to see a play toward the end of the month.*

    _____

    _____

11. *William Bouguereau is my favorite painter.*

    _____

12. *My sister loves to sing and dance.*

    _____

Le professioni, i paesi, le nazionalità e le lingue

Professions, countries, nationalities, and languages

In this chapter, you will learn the Italian terms for the professions and vocabulary related to the workplace. You will learn the Italian names of countries, nationalities, and languages, and you'll be able to talk about your nationality and background, as well as ask others where they are from.

What's your profession?	**Che lavoro fai?**
accountant	il ragioniere / la ragioniera, il/la contabile
actor	l'attore [masc.]
actress	l'attrice [fem.]
analyst	l'analista [masc./fem.]
anthropologist	l'antropologo/l'antropologa
archaeologist	l'archeologo/l'archeologa
architect	l'architetto
artist	l'artista [masc./fem.]
astronaut	l'astronauta [masc./fem.]
athlete	l'atleta [masc./fem.]
babysitter	il/la baby-sitter
baker	il fornaio / la fornaia, il panettiere / la panettiera
banker	il banchiere / la banchiera
barber	il barbiere
bookseller	il libraio / la libraia
business manager	il direttore / la direttrice
businessman	l'uomo di affari
businesswoman	la donna di affari
butcher	il macellaio / la macellaia
caretaker	il/la badante
chef	il cuoco / la cuoca, lo chef
chemist	il chimico / la chimica
composer	il compositore / la compositrice

computer engineer	l'ingegnere informatico [un ingegnere; also fem.: un ingegnere]
consultant	il/la consulente
contractor	l'appaltatore/l'appaltatrice, l'imprenditore/l'imprenditrice
craftsman	l'artigiano/l'artigiana
dean (*university*)	il rettore / la rettrice
dentist	il/la dentista
dietician	il dietologo / la dietologa
doctor	il medico [also fem.: il medico]
domestic worker	il/la colf (il collaboratore familiare / la collaboratrice familiare)
driver	l'autista [masc./fem.]
economist	l'economista [masc./fem.]
electrician	l'elettricista [masc./fem.]
engineer	l'ingegnere [un ingegnere; also fem.: un ingegnere]
farmer	l'agricoltore/l'agricoltrice
fashion designer, couturier	lo/la stilista
financial advisor	il consulente finanziario / la consulente finanziaria
firefighter	il pompiere, il/la vigile del fuoco
flight attendant	lo steward / la hostess, l'assistente di volo [un assistente / un'assistente]
gardener	il giardiniere / la giardiniera
government employee	l'impiegato statale / l'impiegata statale
graphic designer	il grafico pubblicitario
hairdresser	il parrucchiere / la parrucchiera
hotel manager	il direttore dell'hotel / la direttrice dell'hotel
information technology (*IT*) director	il direttore informatico / la direttrice informatica
jeweler	il gioielliere / la gioielliera
journalist	il/la giornalista
judge	il/la giudice
lawyer	l'avvocato [masc./fem.]
linguist	il/la linguista
mail carrier	il postino / la postina
manager	il/la dirigente, il direttore / la direttrice
mechanic	il meccanico
model	il modello / la modella
musician	il/la musicista
nurse	l'infermiere/l'infermiera
office worker	l'impiegato di ufficio / l'impiegata di ufficio

orchestra conductor	il direttore d'orchestra / la direttrice d'orchestra
painter	il pittore / la pittrice
pastry chef	il pasticciere / la pasticciera
pharmacist	il/la farmacista
physical therapist	il/la fisioterapista
physicist	il fisico [also fem.: il fisico]
pilot	il pilota [masc./fem.]
plumber	l'idraulico
police officer	il poliziotto / la poliziotta
politician	il politico
programmer	il programmatore / la programmatrice
project manager	il direttore del progetto / la direttrice del progetto
proprietor	il proprietario / la proprietaria
psychiatrist	lo/la psichiatra
psychologist	lo psicologo / la psicologa
psychotherapist	lo/la psicoterapeuta
public servant	il funzionario pubblico / la funzionaria pubblica
real estate agent	l'agente immobiliare [un agente]
receptionist	il/la receptionist
reporter	il/la reporter, l'inviato speciale / l'inviata speciale
sailor	il marinaio
sales clerk	il commesso / la commessa
salesman, saleswoman	il/la rappresentante
scientist	lo scienziato / la scienziata
seamstress	la sarta
secretary	il segretario / la segretaria
security engineer	l'ingegnere della sicurezza
social worker	l'assistente sociale [un assistente / un'assistente]
soldier	il soldato / la soldatessa
sound engineer	il tecnico del suono [also fem.: il tecnico]
stockbroker	l'agente di cambio [un agente]
surgeon	il chirurgo
tailor	il sarto
taxi driver	il/la tassista
teacher (elementary school)	il maestro / la maestra
teacher (secondary school and college)	il professore / la professoressa
technician	il tecnico [also fem.: il tecnico]
tour guide	la guida turistica [masc./fem.]
translator	il traduttore / la traduttrice
truck driver	il/la camionista

TV *news anchor*	il conduttore del telegiornale / la conduttrice del telegiornale
veterinarian	il veterinario / la veterinaria
waiter	il cameriere / la cameriera
web designer	il designer di siti web / la designer di siti web
worker (*laborer*)	l'operaio/l'operaia
writer	lo scrittore / la scrittrice

The forms **l'avvocatessa** for *female lawyer* and **la pilota** *female pilot* also exist, but the masculine forms are more common for both male and female lawyers and pilots.

Unlike English, Italian omits the indefinite article **un/una** with a profession: (**Io**) **sono architetto** *I am an architect.*

Workplaces

I luoghi di lavoro

Where do you work?	Dove lavori?
I work <u>at a firm</u>.	(Io) lavoro <u>in un'azienda</u>.
at an airport	all'aeroporto
at an army base	in una base militare
in an art gallery	in una galleria d'arte
in a conservatory	in un conservatorio
in a courtroom	in tribunale
in a department store	in un grande magazzino
in a doctor's office	in uno studio medico
in a factory	in una fabbrica
on a farm	in una fattoria
in a government department	in ministero
at home	a casa, da casa
in a hospital	in ospedale
at an international company	in una società internazionale
in a laboratory	in un laboratorio
in a law office/firm	in uno studio legale
in a museum	in un museo
at a navy yard, at a naval base	in una base navale
in an office	in ufficio
in a private hospital	in un ospedale privato
in a production and recording studio	in uno studio di produzione e registrazione
at a resort	in un villaggio turistico

»»»

in a restaurant	in un ristorante
in a school	in una scuola
at a state agency	in un ente pubblico
at the stock exchange	in borsa
in a store/shop	in un negozio
in a theater	in un teatro
at a university	in una università

Massimo's job

Il lavoro di Massimo

Massimo earns a living.	Massimo si guadagna da vivere.
earns a good salary	percepisce un buono stipendio
gets a pension	riceve la pensione
gets a raise	riceve un aumento
has a full-time job	ha un lavoro a tempo pieno
has a part-time job	ha un lavoro part-time
has many benefits	ha molti benefici al lavoro
is a member of the union	è membro del sindacato
is applying for a job	fa domanda d'impiego
is bored at work	si annoia al lavoro
is looking for a job	cerca lavoro, cerca un impiego
is preparing for an interview	si prepara per un colloquio (di lavoro)
is overqualified	è troppo qualificato
is retired	è in pensione
is underemployed	è sottoccupato
is unemployed	è disoccupato
works for a multinational company	lavora per una multinazionale

The firm and the employees

La ditta e i dipendenti

The firm decided to hire five hundred employees.	La ditta ha deciso di assumere cinquecento dipendenti.
to fire	di licenziare
to relocate	di trasferire
to train	di formare

Working conditions

Le condizioni di lavoro

The workers plan to form a union.	Gli operai intendono creare un sindacato.
to ask for paid vacations	chiedere ferie pagate
to go on strike	fare sciopero

to retire	andare in pensione
to sign the collective bargaining agreement	firmare il contratto collettivo

Christmas (year-end) bonus	la tredicesima
disability insurance	l'assicurazione per l'invalidità [un'assicurazione]
health insurance	l'assicurazione medica
life insurance	l'assicurazione sulla vita
minimum wage	il salario minimo
pension plan	il piano di pensionamento
salary	la paga
daily	giornaliera
weekly	settimanale
bimonthly	quindicinale
monthly	mensile
yearly	annuale
strikebreaker, scab	il crumiro
unemployment insurance	l'assicurazione contro la disoccupazione

These workers are paid <u>by the hour</u>.	Questi operai sono pagati <u>a ora</u>.
by the day	a giornata
by the week	a settimana
every two weeks	ogni due settimane
by the month	al mese
by the job	a progetto

Everywhere in the world

Dovunque nel mondo

Where are you from?	Di dov'è Lei?
I'm from Italy. I'm Italian.	Sono italiano/italiana.
Where were you born?	Dov'è nato/nata?
I was born in Italy.	Sono nato/nata in Italia.

Country	Il paese	*Nationality*	La nazionalità
Afghanistan	Afghanistan	*Afghan*	afgano/afgana
Albania	Albania	*Albanian*	albanese
Algeria	Algeria	*Algerian*	algerino/algerina
Andorra	Andorra	*Andorran*	andorrano/andorrana
Argentina	Argentina	*Argentinean*	argentino/argentina
Armenia	Armenia	*Armenian*	armeno/armena
Australia	Australia	*Australian*	australiano/australiana

Country	Il paese	Nationality	La nazionalità
Austria	Austria	*Austrian*	austriaco/austriaca
Belarus	Bielorussia	*Belarusian*	bielorusso/bielorussa
Belgium	Belgio	*Belgian*	belga
Bosnia	Bosnia	*Bosnian*	bosniaco/bosniaca
Brazil	Brasile	*Brazilian*	brasiliano/brasiliana
Bulgaria	Bulgaria	*Bulgarian*	bulgaro/bulgara
Cambodia	Cambogia	*Cambodian*	cambogiano/cambogiana
Canada	Canada	*Canadian*	canadese
Chile	Cile	*Chilean*	cileno/cilena
China	Cina	*Chinese*	cinese
Colombia	Colombia	*Colombian*	colombiano/colombiana
Costa Rica	Costa Rica	*Costa Rican*	costaricano/costaricana
Croatia	Croazia	*Croatian*	croato/croata
Cyprus	Cipro	*Cypriot*	cipriota
Czech Republic	Repubblica Ceca	*Czech*	ceco/ceca
Denmark	Danimarca	*Danish*	danese
Egypt	Egitto	*Egyptian*	egiziano/egiziana
El Salvador	Salvador	*Salvadoran*	salvadoregno/salvadoregna
England	Inghilterra	*English*	inglese
Estonia	Estonia	*Estonian*	estone
Ethiopia	Etiopia	*Ethiopian*	etiope
Finland	Finlandia	*Finnish*	finlandese
France	Francia	*French*	francese
Germany	Germania	*German*	tedesco/tedesca
Greece	Grecia	*Greek*	greco/greca
Guatemala	Guatemala	*Guatemalan*	guatemalteco/guatemalteca
Haiti	Haiti	*Haitian*	haitiano/haitiana
Holland	Olanda	*Dutch*	olandese
Honduras	Honduras	*Honduran*	honduregno/honduregna
Hungary	Ungheria	*Hungarian*	ungherese
Iceland	Islanda	*Icelandic*	islandese
India	India	*Indian*	indiano/indiana
Indonesia	Indonesia	*Indonesian*	indonesiano/indonesiana
Iran	Iran	*Iranian*	iraniano/iraniana
Iraq	Iraq	*Iraqi*	iracheno/irachena
Ireland	Irlanda	*Irish*	irlandese
Israel	Israele	*Israeli*	israeliano/israeliana
Italy	Italia	*Italian*	italiano/italiana
Jamaica	Giamaica	*Jamaican*	giamaicano/giamaicana

Country	Il paese	Nationality	La nazionalità
Japan	Giappone	Japanese	giapponese
Jordan	Giordania	Jordanian	giordano/giordana
Korea	Corea	Korean	coreano/coreana
Kuwait	Kuwait	Kuwaiti	kuwaitiano/kuwaitiana
Laos	Laos	Laotian	laotiano/laotiana
Latvia	Lettonia	Latvian	lettone
Lebanon	Libano	Lebanese	libanese
Libya	Libia	Libyan	libico/libica
Lithuania	Lituania	Lithuanian	lituano/lituana
Luxembourg	Lussemburgo	of Luxembourg	lussemburghese
Malaysia	Malesia	Malaysian	malese
Mali	Mali	Malian	maliano/maliana
Mexico	Messico	Mexican	messicano/messicana
Moldavia	Moldavia	Moldavian	moldavo/moldava
Montenegro	Montenegro	Montenegrin	montenegrino/montenegrina
Morocco	Marocco	Moroccan	marocchino/marocchina
Netherlands	Paesi Bassi	Netherlander, Dutch	nederlandese
New Zealand	Nuova Zelanda	New Zealander	neozelandese
Nicaragua	Nicaragua	Nicaraguan	nicaraguese, nicaraguegno/nicaraguegna
Nigeria	Nigeria	Nigerian	nigeriano/nigeriana
Norway	Norvegia	Norwegian	norvegese
Oman	Oman	Omani	omanita
Pakistan	Pakistan	Pakistani	pakistano/pakistana
Panama	Panamá	Panamanian	panamense
Paraguay	Paraguay	Paraguayan	paraguaiano/paraguaiana
Peru	Perù	Peruvian	peruviano/peruviana
Philippines	Filippine	Filipino	filippino/filippina
Poland	Polonia	Polish	polacco/polacca
Portugal	Portogallo	Portuguese	portoghese
Qatar	Qatar	Qatari	qatariano/qatariana
Rumania	Romania	Rumanian	romeno/romena
Russia	Russia	Russian	russo/russa
Saudi Arabia	Arabia Saudita	Saudi	saudita
Scotland	Scozia	Scottish	scozzese
Senegal	Senegal	Senegalese	senegalese
Serbia	Serbia	Serbian	serbo/serba
Slovakia	Slovacchia	Slovakian	slovacco/slovacca
Slovenia	Slovenia	Slovenian	sloveno/slovena

Country	Il paese	Nationality	La nazionalità
South Africa	Sud Africa	South African	sudafricano/sudafricana
Spain	Spagna	Spanish	spagnolo/spagnola
Sweden	Svezia	Swedish	svedese
Switzerland	Svizzera	Swiss	svizzero/svizzera
Syria	Siria	Syrian	siriano/siriana
Taiwan	Taiwan	Taiwanese	taiwanese
Thailand	Tailandia	Thai	tailandese
Tunisia	Tunisia	Tunisian	tunisino/tunisina
Turkey	Turchia	Turkish	turco/turca
Ukraine	Ucraina	Ukrainian	ucraino/ucraina
United Arab Emirates	Emirati Arabi Uniti	Emirati	emiratino/emiratina
United States	Stati Uniti	American	statunitense, americano/americana
Uruguay	Uruguay	Uruguayan	uruguaiano/uruguaiana
Venezuela	Venezuela	Venezuelan	venezuelano/venezuelana
Vietnam	Vietnam	Vietnamese	vietnamita
Wales	Galles	Welsh	gallese

Italian uses the preposition **in** before a geographical name. The preposition means both *in* and *to*. If the definite article occurs with a geographical name, the contracted form of **in** + article is used before it: **negli Stati Uniti** *in the United States*.

They live in <u>Italy</u>.   (Loro) abitano in <u>Italia</u>.

  England   Inghilterra

  Germany   Germania

  Greece   Grecia

  Spain   Spagna

We're going to <u>Australia</u>.   Andiamo in <u>Australia</u>.

  Austria   Austria

  Belgium   Belgio

  Sweden   Svezia

  Switzerland   Svizzera

Our country has an embassy in <u>China</u>.   Il nostro paese ha un'ambasciata in <u>Cina</u>.

  Egypt   Egitto

  India   India

  Israel   Israele

  Thailand   Tailandia

I expect to spend my vacation in <u>Brazil</u>.	(Io) conto di passare le vacanze in <u>Brasile</u>.
Canada	Canada
Costa Rica	Costa Rica
Denmark	Danimarca
Malaysia	Malesia
Mexico	Messico
Panama	Panama
Portugal	Portogallo
Vietnam	Vietnam

What's his name? · Come si chiama?

What's <u>the American astronaut's</u> name?	Come si chiama <u>l'astronauta americano</u>?
the Finnish composer	il compositore finlandese
the French pastry chef	il pasticciere francese
the Irish linguist	il linguista irlandese
the Russian diplomat	il diplomatico russo
the Swiss watchmaker	l'orologiaio svizzero

Continents · I continenti

Africa	l'Africa
Antarctica	l'Antartide [fem.]
Asia	l'Asia
Australia	l'Australia
Europe	l'Europa
North America	Nord America, l'America del Nord
South America	Sud America, l'America del Sud

Languages in Italian are all masculine and begin with a lowercase letter. In most contexts, the name of the language is preceded by a definite article.

Languages · Le lingue

I'm studying <u>languages</u>.	Studio <u>lingue</u>.
Afrikaans	l'afrikaans
Albanian	l'albanese
Arabic	l'arabo
Armenian	l'armeno
Basque	il basco
Belarusian (White Russian)	il bielorusso
Bulgarian	il bulgaro

>>>

Burmese	il birmano
Catalan	il catalano
Chinese	il cinese
Croatian	il croato
Czech	il ceco
Danish	il danese
Dutch	l'olandese
English	l'inglese
Estonian	l'estone
Finnish	il finlandese
Flemish	il fiammingo
French	il francese
German	il tedesco
(Classical) Greek	il greco (classico)
(Modern) Greek	il greco (moderno)
Hebrew	l'ebraico
Hindi	l'hindi
Hungarian	l'ungherese
Icelandic	l'islandese
Indonesian	l'indonesiano
Irish	l'irlandese
Italian	l'italiano
Japanese	il giapponese
Khmer, Cambodian	il khmer
Korean	il coreano
Kurdish	il curdo
Latin	il latino
Latvian	il lettone
Lithuanian	il lituano
Malagasy	il malgascio
Norwegian	il norvegese
Persian, Farsi	il persiano
Polish	il polacco
Portuguese	il portoghese
Romansch	il romancio
Rumanian	il romeno, il rumeno
Russian	il russo
Sanskrit	il sanscrito
Sardinian	il sardo

>>>

Serbian	il serbo
Sicilian	il siciliano
Slovak	lo slovacco
Slovene	lo sloveno
Swahili	lo swahili
Swedish	lo svedese
Tagalog	il tagalog
Tamil	il tamil
Thai	il tailandese
Tibetan	il tibetano
Turkish	il turco
Ukrainian	l'ucraino
Urdu	l'urdu
Vietnamese	il vietnamita
Welsh	il gallese
Yiddish	lo yiddish

Per parlare un italiano autentico

the Far East	l'Estremo Oriente
the Middle East	il Medio Oriente
language proficiency	la conoscenza di una lingua
Italian is spoken here.	Qui si parla italiano.
She speaks three languages fluently.	(Lei) parla tre lingue correntemente.
He's good in languages.	(Lui) è portato per le lingue.
What's the capital of Italy?	Qual è la capitale d'Italia?
The demographic data include the number of inhabitants.	I dati demografici includono il numero degli abitanti.
The world population is more than seven billion.	La popolazione mondiale supera i sette miliardi.

Proverbi, espressioni e citazioni

You reap what you sow.	Chi semina raccoglie.
Heaven helps those who help themselves.	Aiutati che Dio ti aiuta.
Steal a little, go to jail; steal a lot, make a career of it.	A rubar poco si va in galera, a rubar tanto si fa carriera.
A penny saved is a penny earned.	Denaro risparmiato, due volte guadagnato.

From confessor, doctor, and lawyer don't	A confessore, medico e avvocato non tenere il vero
hide the truth.	celato.
Stick to your own kind.	Moglie e buoi dei paesi tuoi.

"Chi non conosce le lingue straniere, non sa niente della propria."
  JOHANN WOLFGANG VON GOETHE

"Ogni lingua ha un suo silenzio."
  ELIAS CANETTI

"Una lingua diversa è una nuova visione della vita."
  FEDERICO FELLINI

"Felice colui che ha trovato il suo lavoro; non chieda altra felicità."
  THOMAS CARLYLE

"Si aspira ad avere un lavoro, per avere il diritto di riposarsi."
  CESARE PAVESE

Esercizio 67

Complete each Italian phrase so that it expresses the meaning of the English phrase.

1. *real estate agent*   l'agente _____

2. *flight attendant*   l'assistente _____

3. *life insurance*   l'_____ sulla vita

4. *He gets a pension.*   (Lui) riceve una _____.

5. *web designer*   il _____ di siti web

6. *a full-time job*   un impiego _____

7. *social worker*   l'_____ sociale

8. *a doctor's office*   uno _____ medico

9. *stockbroker*   l'agente di _____

10. *Christmas bonus*   la _____

11. *He is applying for a job.* (Lui) fa _____ d'impiego.

12. *to train workers*   _____ gli operai

13. *financial advisor*   il _____ finanziario

14. *minimum wage*   il _____ minimo

15. *to go on strike*   fare _____

Esercizio 68

Unscramble the letters in each item to create a word from the world of work.

1. triatas   _____

2. tsnpooi   _____

3. tasmear   _____

4. dzaeani   _____

5. aacfibbr   _____

6. nienosep   _____

7. icsoorep   _____

8. srasoceiauizn   _____

9. aitmopieg   _____

10. ilaittss   _____

11. lfco   _____

12. sapeciuodniozc   _____

Esercizio 69

Match each professional in the first column with his or her probable place of work in the second column.

1. _____ attore
2. _____ colf
3. _____ maestro
4. _____ funzionario
5. _____ operaio
6. _____ rettore
7. _____ infermiere
8. _____ musicista
9. _____ soldato
10. _____ cameriera
11. _____ scienziato
12. _____ agente di cambio

a. ristorante
b. fabbrica
c. orchestra
d. borsa
e. base militare
f. scuola elementare
g. ministero
h. ospedale
i. università
j. casa
k. laboratorio
l. teatro

Esercizio 70

Respond in Italian as specified for each of the following situations.

1. Tell about yourself. Tell where you are from, your family background, what language(s) you speak, what your profession is, and where you work.

   _____

   _____

   _____

   _____

2. Describe a foreign friend or a member of your family who was born abroad. Tell where he or she is from, his or her profession, languages he or she speaks, and where he or she works.

_____

_____

_____

_____

3. Describe your professional life: what you do, where you work and with whom, working conditions, hours, salary, etc.

_____

_____

_____

_____

Esercizio 71

Select the appropriate verb from the following list to complete each sentence.

riceve	percepisci	cerca	guadagna
firma	parla	insegna	impara
è	si annoia	assume	lavora

1. Quel giovane imprenditore _____ molto.

2. Il mio migliore amico _____ cinque lingue.

3. Dato che lavorerà in Russia, (lui) _____ il russo.

4. (Lei) non lavora più perché _____ in pensione.

5. L'impiegato _____ il contratto.

6. (Tu) _____ un buono stipendio.

7. Il ministero _____ molti nuovi impiegati.

8. Mia madre _____ part-time.

9. Giuliano è disoccupato. (Lui) _____ lavoro.

10. Rossella _____ l'italiano all'università.

11. Ad Anna non piace il suo lavoro e _____ spesso.

12. Marica _____ un aumento ogni anno.

Esercizio 72

Translate the following sentences into Italian.

1. *She's applying for a job and is preparing for the interview.*

   _____

   _____

2. *He's studying Japanese because he's going to Japan.*

   _____

   _____

3. *I'm looking for a job in an art gallery.*

   _____

4. *He gets a good salary and also health insurance.*

   _____

5. *She is Albanian and speaks Albanian and Italian.*

   _____

   _____

6. *He is unemployed.*

   _____

7. *She works at an airport but she is bored at work.*

   _____

   _____

8. *If the firm doesn't sign the collective bargaining agreement, the workers are going to go out on strike.*

   _____

   _____

9. *The manager wants to hire an accountant and two secretaries.*

   _____

   _____

10. *The workers are asking for paid vacations and disability insurance.*

   _____

   _____

12

Le festività e i festeggiamenti
Holidays and celebrations

This chapter presents vocabulary for talking about important secular and religious holidays in the United States and Italy. You will learn about important celebrations and be able to describe a birthday party or wedding you attended.

March 19 is San Giuseppe (St. Joseph's Day) and is also celebrated as Father's Day in Italy.

Between April 21 and April 28, 1945, Allied forces drove German occupiers from northern Italy. April 25, the day on which Turin and Milan were liberated, is celebrated as **la Festa della Liberazione**—the day that World War II ended in Italy.

Holidays in Italy	**Le festività italiane**
January 1 is New Year's Day.	Il primo gennaio è Capodanno.
January 6 is Epiphany.	Il sei gennaio è l'Epifania (la Befana).
February 14 is Valentine's Day.	Il quattordici febbraio è San Valentino.
March 19 is Father's Day.	Il diciannove marzo è la festa del papà.
Easter (Sunday)	Pasqua
Easter Monday	Lunedì di Pasqua, Lunedì dell'Angelo (Pasquetta)
April 25 is Liberation Day.	Il venticinque aprile è l'anniversario della liberazione d'Italia.
May 1 is Labor Day.	Il primo maggio è la festa del lavoro.
The last Sunday in May is Mother's Day.	L'ultima domenica di maggio è la festa della mamma.
June 2 is Republic Day.	Il due giugno è l'anniversario della Repubblica Italiana.
August 15 is Assumption Day.	Il quindici agosto è l'Assunzione di Maria (Ferragosto).
November 1 is All Saints' Day.	Il primo novembre è Tutti i Santi (Ognissanti).
December 8 is (the feast of) the Immaculate Conception.	L'otto dicembre è l'Immacolata Concezione.
December 24 is Christmas Eve.	Il ventiquattro dicembre è la Vigilia di Natale.
December 25 is Christmas Day.	Il venticinque dicembre è Natale.
December 26 is St. Stephen's Day.	Il ventisei dicembre è Santo Stefano.

| December 31 is New Year's Eve, the last day of the year. | Il trentuno dicembre è San Silvestro, l'ultimo giorno dell'anno. |

In Italian folklore, **la Befana** is a sweet old lady who, on the eve of Epiphany, flies on a broomstick and delivers candy to children who have been good throughout the previous year. For those who have been naughty, **la Befana** leaves pieces of black sugar that represent lumps of coal. The word **Befana** derives from a popular pronunciation of **Epifania**.

Holidays in the United States

Le festività statunitensi

Martin Luther King Day	il giorno di Martin Luther King
Presidents Day	il giorno dei Presidenti
St. Patrick's Day	il giorno di San Patrizio
Memorial Day	la festa dei caduti in guerra
Flag Day	il giorno della bandiera
Independence Day	il giorno dell'indipendenza
Labor Day	la festa del lavoro
Columbus Day	il giorno di Cristoforo Colombo
Halloween	la festa di Halloween
Veteran's Day	il giorno dei veterani
Thanksgiving	il giorno del ringraziamento

Religious holidays

Le festività religiose

Catholic holidays

Le feste cattoliche

Mardi Gras falls 40 days before Easter.	Martedì grasso cade quaranta giorni prima di Pasqua.
Ash Wednesday is the first day of Lent.	Mercoledì delle Ceneri è il primo giorno della Quaresima.
Palm Sunday falls one week before Easter.	Domenica delle Palme cade una settimana prima di Pasqua.
Holy Thursday is the Thursday before Easter.	Giovedì Santo è il giovedì prima di Pasqua.
Good Friday is the Friday before Easter.	Venerdì Santo è il venerdì prima di Pasqua.
Easter Monday is the day after Easter.	Lunedì di Pasqua è il giorno dopo Pasqua.
Ascension Day falls 40 days after Easter.	L'Ascensione cade quaranta giorni dopo Pasqua.
Pentecost falls 50 days after Easter.	La Pentecoste cade cinquanta giorni dopo Pasqua.
August 15 is Assumption Day.	Il quindici agosto è l'Assunzione.
November 1 is All Saints Day.	Il primo novembre è Tutti i Santi / Ognissanti.
November 2 is All Souls Day.	Il due novembre è il Giorno dei Morti.

Jewish holidays	**Le festività ebraiche**
Hanukkah (Festival of Lights)	il Chanukkà, la Festa delle Luci
Holocaust Remembrance Day (Yom HaShoah)	il giorno della Shoah
Passover	la Pasqua, il Pèsach, il Pesah
Purim	il Purim
Rosh Hashanah	il Roch haShana, il Capodanno ebraico
Sabbath	lo Shabbat
Yom Kippur (Day of Atonement)	lo Yom Kippur, il Giorno dell'espiazione

Islamic holidays	**Le feste musulmane**
Ramadan	il Ramadan
Eid al-Fitr	l'Eid al-Fitr [fem.]

Nativity scenes (**presepi**) are very popular in Italy, both in the form of a nativity set with figurines displayed in the home and as living nativities acted out in the streets of Italian towns and cities.

Christmas	Natale
Christmas carol	il canto natalizio
Christmas Eve (midnight) mass	la messa di mezzanotte
Christmas tree	l'albero di Natale
Happy holidays!	Buone feste!
holly	l'agrifoglio
mistletoe	il vischio
Nativity scene	il presepe

Rites and rituals	**I riti e le cerimonie**
baptism	il battesimo
bar mitzvah	il bar-mitzva
bat mitzvah	il bat-mitzva
birthday	il compleanno
confirmation	la cresima
first communion	la prima comunione
mass	la messa
Sabbath, Shabbat (Saturday)	il Sabbath
saint's day	la festa (del santo)
wedding	il matrimonio

In Italian, the present subjunctive is used in dependent noun clauses that mark events or states that the speaker considers not part of reality or of his or her experience. A dependent noun clause in the subjunctive follows a main clause that expresses wants, expectation, or doubt: **(Io) voglio che tu venga** alla festa *I want you to come to the party*, **(Io) dubito che (lei) venga** alla cerimonia *I doubt she'll come to the ceremony*. The verb forms **tu venga** and **lei venga** are present subjunctive forms and contrast with the present indicative forms **tu vieni, lei viene**.

Parties and get-togethers

They want us to come to the party.

to his bachelor party	alla sua festa di addio al celibato
to her bachelorette party	alla sua festa di addio al nubilato
to the banquet	al banchetto
to the birthday party	alla festa di compleanno
to the business dinner	alla cena di lavoro
to the charity event	all'evento di beneficenza
to the charity gala	al gala di beneficenza
to Christmas dinner	alla cena di Natale
to the closing ceremony	alla cerimonia di chiusura
to the cocktail party	al cocktail party
to the corporate event	all'evento aziendale
to the costume/masquerade ball	al ballo in maschera
to the family gathering	alla festa in famiglia
to the food festival	alla sagra
to the fund-raising event	all'evento di beneficenza
to the gala dinner	alla cena di gala, alla serata di gala
to the golden wedding anniversary	alle nozze d'oro
to the music festival	al festival della musica
to the opening celebration	all'inaugurazione
to the retirement party	alla festa di pensionamento
to the silver wedding anniversary	alle nozze d'argento
to the street festival	alla sagra
to the wedding reception	al pranzo di nozze
to the working dinner	alla cena di lavoro

Le feste e i raduni

(Loro) vogliono che veniamo alla festa.

In Italy, **la sagra** (plural: **le sagre**) is a local festival dedicated to a specific local food. Almost every town has a **sagra**, which often features live music, historical pageants, and/or sporting events.

Party activities	**Le attività festive**
gift-giving	lo scambio dei regali
to blow out the candles	spegnere le candeline
to celebrate	festeggiare
to clink glasses	fare cin cin
to dance	ballare
to entertain	intrattenere, ricevere gli ospiti
to have a drink	bere qualcosa
to have a good time	divertirsi
to invite	invitare
to make a wish	esprimere un desiderio
to raise one's glass	alzare i calici
to sing	cantare
to toast	fare un brindisi
to throw a party	dare/fare/organizzare una festa
to wish someone well	augurare il meglio a qualcuno

Italian speakers use the same "Happy Birthday" melody that we use to celebrate someone's birthday. In Italy, the words are **Tanti auguri a te, tanti auguri a te, tanti auguri a _____, tanti auguri a te!**

The birthday party	**La festa di compleanno**
balloon	il palloncino
birthday celebrant	il festeggiato / la festeggiata
cake	la torta
celebration	il festeggiamento
champagne	lo champagne
Cheers!	Cin cin!, Alla salute!
drinks	da bere, le bevande (alcoliche)
food	da mangiare, il cibo
gift	il regalo
Happy Birthday!	Buon compleanno! Tanti auguri!
party	la festa

party favor	la bomboniera
surprise birthday party	una festa a sorpresa
to be thirty-two years old	avere trentadue anni
to blow out the candles	spegnere le candeline
to celebrate	festeggiare
to give something as a gift	dare un regalo, regalare

For family members who attend a celebration, see Chapter 9.

Auguri! and **Tanti auguri!** are used on any happy occasion to express one's good wishes.

The wedding / Il matrimonio

best man	il testimone dello sposo
black tie required	richiesto l'abito scuro/elegante
bridal bouquet	il bouquet della sposa
bride	la sposa
bridesmaid	la damigella d'onore
church	la chiesa
civil ceremony	la cerimonia civile
couple	la coppia
engagement	il fidanzamento
engagement ring	l'anello di fidanzamento
fiancé	il fidanzato
fiancée	la fidanzata
groom	lo sposo
guest	l'invitato/l'invitata
honeymoon	il viaggio di nozze
husband	il marito
I do.	Sì.
maid of honor	la damigella d'onore
marriage	il matrimonio, le nozze
marriage certificate	il certificato di matrimonio
marriage proposal	la proposta di matrimonio
marriage vows	i voti
newlyweds	gli sposini
priest	il prete, il parroco
rabbi	il rabbino
synagogue	la sinagoga

toast	il brindisi
wedding anniversary	l'anniversario di matrimonio
wedding announcement	l'invito, la partecipazione
wedding ceremony	la cerimonia di nozze
wedding day	il giorno delle nozze
wedding favor	la bomboniera
wedding gift	il regalo di nozze
wedding gown	l'abito da sposa
wedding party	il corteo nuziale, gli invitati alle nozze
wedding planner	l'organizzatore di matrimoni / l'organizzatrice di matrimoni
wedding reception	il ricevimento di nozze
wedding (gift) registry	la lista di nozze
wedding ring	la fede (nuziale)
wife	la moglie
to fall in love (with)	innamorarsi (di)
to get engaged (to)	fidanzarsi (con)
to get married (to)	sposarsi (con)
to kiss	baciare
to love	amare
to love each other	amarsi
to marry into a family, to become part of a family	diventare parte della famiglia
to toss the bridal bouquet	lanciare il bouquet della sposa

Italian speakers have two expressions for *I love you*: **Ti amo** and **Ti voglio bene**. **Ti amo** is used by lovers, fiancés, and spouses, whereas **Ti voglio bene** (literally, *I wish you well* or *I care for you*) is used by parents and children, relatives, and close friends.

Joyful and sad events   ## Gli eventi felici e dolorosi

funeral	il funerale
happiness	la felicità
in honor of	in onore di
joy	la gioia
memory	il ricordo
in memory/remembrance of	in memoria di
nostalgia	la nostalgia
patriotism	il patriottismo

sadness	la tristezza
tradition	la tradizione
to be in mourning	essere in lutto
to cry	piangere
to express one's condolences	fare le condoglianze
My deepest sympathy.	Le mie sentite condoglianze.
to laugh	ridere
to burst out laughing	scoppiare a ridere
to mourn someone	piangere qualcuno
to put flowers on someone's grave	mettere fiori sulla tomba di qualcuno

Per parlare un italiano autentico

to crash a party	presentarsi non invitati a una festa, imbucarsi a una festa
Good luck!, Break a leg!	In bocca al lupo!
Thanks!	Crepi (il lupo)!
His birthday falls on Saturday.	Il suo compleanno cade di sabato.
It's very Christmasy!	Fa molto Natale!
There were floats in the parade.	C'erano dei carri (allegorici) alla parata.
The celebration ended with fireworks.	I festeggiamenti sono terminati con i fuochi d'artificio.
Have a nice weekend!	Buon fine settimana!
Happy Birthday!	Buon compleanno!
Happy Easter!	Buona Pasqua!
Merry Christmas!	Buon Natale!
Happy New Year!	Buon Anno!

Proverbi, espressioni e citazioni

Rain on the day you get married brings good luck.	Sposa bagnata, sposa fortunata.
Friday the 13th brings bad luck.	Venerdì tredici porta male.
Spend Christmas with your family, and Easter with whomever you want.	Natale con i tuoi, Pasqua con chi vuoi.
You can't have your cake and eat it too!	Non si può avere la botte piena e la moglie ubriaca!
Epiphany is the holiday to end all holidays.	L'Epifania tutte le feste porta via.
Neither marry nor travel on either Tuesday or Friday.	Di Venere e di Marte non si sposa né si parte.

"Un po' più in là della tua solitudine, c'è la persona che ami."
  DINO BUZZATI

"La vita non sta in un album di nozze."
  ALDO BUSI

"Se succede qualcosa di brutto si beve per dimenticare; se succede qualcosa di bello si beve per festeggiare; e se non succede niente si beve per far succedere qualcosa."
  CHARLES BUKOWSKI

"Se riuscirai a mantenerti sempre nel presente, sarai un uomo felice. La vita sarà una festa, un grande banchetto, perché è sempre e soltanto il momento che stiamo vivendo."
  PAULO COELHO

Esercizio 73

Complete each Italian phrase so that it expresses the meaning of the English phrase.

 1. *Flag Day*   il giorno _____

 2. *Veterans Day*   il giorno _____

 3. *Thanksgiving*   il giorno _____

 4. *Easter Monday*   _____ di Pasqua

 5. *a business dinner*   una cena _____

 6. *Christmas carol*   il canto _____

 7. *bridal bouquet*   il bouquet _____

 8. *first communion*   la _____ comunione

 9. *her engagement ring*   il suo _____ di fidanzamento

10. *midnight mass*   _____ di mezzanotte

11. *to blow out the candles* _____ le candeline

12. *the charity event*   l'evento di _____

13. *Christmas tree*   l'_____ di Natale

14. *Christmas Eve*   la _____ di Natale

15. *his bachelor party*   la sua festa di _____ al celibato

16. *honeymoon*   _____ di nozze

17. *Ash Wednesday*   Mercoledì delle _____

18. *fireworks*   i fuochi _____

19. *wedding ring*   la _____ nuziale

20. *the closing ceremony*   la cerimonia di _____

Esercizio 74

Match each item in the first column with the item in the second column that is related to it.

1. _____ l'Epifania   a. il corteo nuziale

2. _____ la festa del lavoro   b. la torta di compleanno

3. _____ Ferragosto   c. il primo maggio

4. _____ la damigella d'onore   d. un bambino

5. _____ i carri allegorici   e. la sposa

6. _____ le candeline   f. il 6 gennaio

7. _____ il battesimo   g. il 31 dicembre

8. _____ San Valentino   h. il 15 agosto

9. _____ il bouquet   i. il 14 febbraio

10. _____ San Silvestro   j. la parata

Esercizio 75

Select the verb that correctly completes each sentence.

1. (Io) vorrei _____ un brindisi. (fare / bere)

2. _____ una festa! (Organizziamo / Tiriamo)

3. Il tuo vestito rosso _____ molto Natale. (va / fa)

4. Spegni le candeline e _____ un desiderio! (bacia / esprimi)

5. La sposa sta per _____ il bouquet. (lanciare / mangiare)

6. Quest'anno la festa _____ di domenica. (cade / va)

7. Alle feste bisogna _____. (sposarsi / divertirsi)

8. Luisa vuole _____ con un uomo ricco. (sposarsi / imbucarsi)

9. (Tu) devi _____ le candeline sulla torta. (dare / spegnere)

10. (Lui) ama _____ alle feste degli altri. (bere / imbucarsi)

Esercizio 76

Give the name of a holiday that is celebrated in the United States in each of the following months. There may be more than one holiday for certain months.

1. gennaio _____
2. febbraio _____
3. marzo _____
4. maggio _____
5. giugno _____
6. luglio _____
7. settembre _____
8. ottobre _____
9. novembre _____
10. dicembre _____

Esercizio 77

Give the name of the month in which each of these Italian holidays is celebrated.

1. Ferragosto _____
2. Pasqua _____
3. la festa della mamma _____
4. la festa del lavoro _____
5. l'anniversario della Repubblica Italiana _____
6. Ognissanti _____
7. l'Epifania _____
8. l'anniversario della liberazione d'Italia _____

Esercizio 78

Match each item in the first column with its synonym in the second column.

1. _____ prete

a. il cibo

2. _____ nozze

b. Capodanno

3. _____ Ognissanti

c. le bevande

4. _____ Primo dell'anno

d. parroco

5. _____ intrattenere gli ospiti

e. alzare i calici

6. _____ fare un brindisi

f. Tutti i Santi

7. _____ da bere

g. ricevere

8. _____ da mangiare

h. matrimonio

Esercizio 79

Respond in Italian as specified for each of the following situations.

1. **Festeggio così il mio compleanno.** Tell how and with whom you like to celebrate your birthday.

_____

_____

_____

_____

_____

2. **Un matrimonio.** Describe a typical wedding.

_____

_____

_____

_____

3. **La mia festa preferita.** Talk about your favorite holiday. Tell how you celebrate it and why you like it.

_____

_____

_____

_____

_____

Esercizio 80

Translate the following sentences into Italian.

1. *Giovanna is eighteen years old.*

   _____

2. *Her birthday falls on Sunday.*

   _____

3. *At the party she blows out the candles on the cake.*

   _____

   _____

4. *The guests have gifts for her.*

   _____

5. *They want us to come to the charity event.*

   _____

6. *Good luck!*

   _____

7. *We are going to spend Easter vacation with our friends in Viterbo.*

   _____

   _____

8. *I want to spend Christmas vacation in Australia.*

   _____

   _____

9. *We are going to invite our friends to Christmas dinner.*

   _____

   _____

10. *For Independence Day, there are parades with floats and fireworks.*

    _____

    _____

13

Il governo, la politica e la società
Government, politics, and society

This chapter presents vocabulary for talking about types of government, political systems, ideologies, and leaders. You will be able to discuss the political process, having learned vocabulary relevant to political parties, elections, and public opinion. You will also acquire the necessary vocabulary to talk about social problems in society.

In Italian, an adjective follows the noun it modifies. Thus, the order of elements in a noun phrase is article + noun + adjective, as opposed to the English order of article + adjective + noun.

There are many English cognates in this section. They form part of an international vocabulary shared by many European languages.

Kinds of government

It's a communist country.

   capitalist
   democratic
   despotic
   fascist
   Marxist
   progressive
   racist
   secular
   socialist
   totalitarian
   tyrannical

It's an authoritarian country.

   autocratic

I tipi di governo

È un paese comunista.

   capitalista
   democratico
   dispotico
   fascista
   marxista
   progressista
   razzista
   laico
   socialista
   totalitario
   tirannico

È un paese autoritario.

   autocratico

Political systems

This country is a democracy.
  an absolute monarchy
  a constitutional monarchy
  a dictatorship
  a kingdom
  a military dictatorship
  a monarchy
  an oligarchy
  a republic
  a theocracy
  a welfare state

I sistemi politici

Questo paese è <u>una democrazia.</u>
  una monarchia assoluta
  una monarchia costituzionale
  una dittatura
  un regno
  una dittatura militare
  una monarchia
  un'oligarchia
  una repubblica
  una teocrazia
  uno stato sociale

Ideologies

communism
conservatism
fascism
imperialism
liberalism
Marxism
militarism
nationalism
progressivism
racism
radicalism
socialism

Le ideologie

il comunismo
il conservatorismo
il fascismo
l'imperialismo
il liberalismo
il marxismo
il militarismo
il nazionalismo
il progressismo
il razzismo
il radicalismo
il socialismo

Italian uses the definite article before nouns that are used in a general sense; English omits the article in this function. Both Italian and English use the definite article before a specific noun. In the following sentence, **la costituzione** is specific and **la libertà** is general.

The constitution guarantees freedom of religion.

La costituzione garantisce la libertà di religione.

The constitution

The constitution guarantees *freedom of religion*.
    freedom of assembly
    freedom of movement

    freedom of opinion
    freedom of the press
    freedom of speech
    freedom of thought

La costituzione

La costituzione garantisce la libertà di religione.
    la libertà di riunione
    la libertà di movimento, la libertà di circolazione e soggiorno

    la libertà di opinione
    la libertà di stampa
    la libertà di parola
    la libertà di pensiero

Political parties

Are you going to vote for *the socialist party*?
    the center-left party
    the center-right party
    the communist party
    the conservative party
    the Democratic Party (U.S.)
    the Green Party
    the left-wing party
    the liberal party
    the nationalist party
    the Republican Party (U.S.)
    the right-wing party

I partiti politici

(Tu) voti per il partito socialista?
    il partito di centro-sinistra
    il partito di centro-destra
    il partito comunista
    il partito conservatore
    il partito democratico
    il partito verde, il partito ecologista
    il partito di sinistra
    il partito liberale
    il partito nazionalista
    il partito repubblicano
    il partito di destra

The government

the president
the prime minister
the head of state
the Council of State
the congress
the parliament
the legislature
the bicameral legislature
the senate
a senator
the House of Representatives

a representative

Il governo

il presidente
il primo ministro
il capo di stato
il Consiglio di Stato
il congresso
il parlamento
l'assemblea legislativa
l'assemblea legislativa bicamerale
il senato
un senatore / una senatrice
la Camera dei rappresentanti (U.S.), la Camera dei deputati (Italy)

un rappresentante (U.S.), un deputato (Italy)

the judiciary	la magistratura
the court	la corte
the president's cabinet	il gabinetto del presidente
a department of government	il ministero
a minister of government	il ministro
Department of Agriculture	il Ministero delle politiche agricole alimentari e forestali
Department of Commerce	il Ministero dell'industria, del commercio e dell'artigianato
Department of Defense	il Ministero della difesa
Department of Domestic Affairs	il Ministero dell'interno
Department of Education	il Ministero della pubblica istruzione
Department of Foreign Trade	il Ministero del commercio internazionale
Department of Justice	il Ministero della giustizia
Department of Labor	il Ministero del lavoro e delle politiche sociali
Department of Social Affairs and Health	il Ministero della salute
State Department (foreign affairs)	il Ministero degli affari esteri
Department of the Treasury	il Ministero del tesoro

Elections   Le elezioni

the right to vote	il diritto di voto
universal suffrage	il suffragio universale
to be of voting age	avere l'età minima per votare
The candidates run for office.	I candidati si candidano alle elezioni.
The candidates study the results of the polls.	I candidati analizzano i risultati delle elezioni.
The voters go to the polls.	Gli elettori vanno alle urne.
Each one submits a ballot.	Ognuno depone una scheda.
The votes/ballots are counted.	Si contano i voti.
We vote by secret ballot.	Si vota a scrutinio segreto.
He's running for president.	(Lui) si candida alla presidenza.
He's running in the provincial elections.	(Lui) si candida alle elezioni provinciali.
He's running in the local elections.	(Lui) si candida alle elezioni comunali.

My town, city, and state   Il mio paese, la mia città e il mio stato

Here's a photo of the mayor.	Ecco una foto del sindaco.
of city hall	del municipio, del comune
of the town council	del consiglio comunale
of a city councilman	di un consigliere comunale

In the national assembly	**All'assemblea nazionale**

There are <u>debates</u>. Ci sono <u>dibattiti</u>.
   bills   progetti di legge
   coalitions   coalizioni [fem. pl.]
   speeches   discorsi [masc. pl.]

to amend the constitution emendare la costituzione
to come to a decision prendere una decisione
to deliberate deliberare
to present a motion of no confidence presentare una mozione di censura / di sfiducia

National defense   La difesa nazionale

He did his military service. (Lui) ha fatto il servizio militare.

He served <u>in the Army</u>. (Lui) ha prestato servizio <u>nell'esercito</u>.
   in the Navy   in marina
   in the Air Force   in aeronautica
   in the Coast Guard   nella guardia costiera
   in the National Guard   nella guardia nazionale
   on an aircraft carrier   su una portaerei
   on a submarine   in/su un sottomarino

He was a <u>private</u>. (Lui) era <u>un soldato semplice</u>.
   an officer   un ufficiale
   a general   un generale
   a colonel   un colonnello
   a sailor   un marinaio
   an admiral   un ammiraglio
   a bomber pilot   un pilota di bombardieri

The passato prossimo of **c'è, ci sono** agrees in gender and number with its subject, the noun that follows it: **c'è stato, c'è stata, ci sono stati, ci sono state.**

Political problems   Problemi politici

There was a change in government. C'è stato un cambio di governo.
There was a revolution. C'è stata una rivoluzione.
There were scandals. Ci sono stati degli scandali.
There were protests. Ci sono state delle proteste.

This year there was a coup d'état.
  a scandal

Quest'anno c'è stato un colpo di stato.
  uno scandalo

This year there was a crisis.
  a lot of corruption
  a repeal of tax loopholes
  a war
  a wave of resignations

Quest'anno c'è stata una crisi.
  molta corruzione
  un'abrogazione delle nicchie fiscali
  una guerra
  un'ondata di dimissioni

This year there were harsh decrees.
  violent acts

Quest'anno ci sono stati dei rigidi decreti.
  degli atti di violenza

This year there were crises.
  demonstrations
  new laws
  new taxes
  riots

Quest'anno ci sono state delle crisi.
  delle manifestazioni
  delle nuove leggi
  delle nuove imposte, delle nuove tasse
  delle sommosse, delle insurrezioni

Public opinion

the opposition
the majority
the minority

L'opinione pubblica

l'opposizione [fem.]
la maggioranza
la minoranza

to be for the proposed plan
to be against the proposed plan
to vote for, to vote in favor of
to vote against
to be in the majority
to be in the minority

essere per il piano proposto
essere contro il piano proposto
votare per, votare in favore di
votare contro
essere in maggioranza
essere in minoranza

Crime

People are worried about the increase
  in crime.
  in violence

La criminalità

La gente è preoccupata per l'aumento
  della criminalità.
  della violenza

There are many kidnappings.
  many armed robberies
  many assaults, many muggings
  many murders
  many rapes
  many robberies, many thefts
  many shoot-outs

Ci sono molti sequestri di persona.
  molte rapine a mano armata
  molte aggressioni
  molti omicidi
  molti stupri
  molti furti
  molte sparatorie

A complex society

Our society has an ethnically diverse population.
Immigration has changed society.
There are new minority groups.
The differences between the social classes are more and more striking.

Societal problems

People are worried about <u>terrorism</u>.
  the availability of firearms
  air pollution
  climate change
  drug use
  government intrusion into private life

  human trafficking
  unfair law enforcement
  noise pollution
  environmental pollution
  unemployment
  water pollution

Positive values

You should show that you have <u>loyalty</u>.
  compassion
  courage
  diligence
  generosity
  honesty
  an open mind
  perseverance
  personal dignity
  self-knowledge
  self-respect
  serenity
  solidarity

Una società complessa

La nostra società ha una popolazione etnicamente diversificata.
L'immigrazione ha cambiato la società.
Ci sono nuovi gruppi minoritari.
Le differenze tra le classi sociali sono sempre più evidenti.

I problemi della società

La gente è preoccupata per <u>il terrorismo</u>.
  la disponibilità di armi da fuoco
  l'inquinamento atmosferico
  il cambiamento climatico
  l'uso di sostanze stupefacenti
  l'intrusione dello Stato nella vita privata [un'intrusione]

  il traffico di esseri umani, la tratta di esseri umani
  l'applicazione ingiusta della legge [un'applicazione]
  l'inquinamento acustico
  l'inquinamento ambientale
  la disoccupazione
  l'inquinamento dell'acqua

I valori positivi

Bisogna dimostrare di avere <u>dedizione</u>.
  compassione
  coraggio
  diligenza
  generosità
  onestà
  una mente aperta
  determinazione
  dignità personale
  autocoscienza
  amor proprio, rispetto di sé
  serenità
  solidarietà

Tolerance is important in life.	La tolleranza è importante nella vita.
Gratitude	La riconoscenza
Justice	La giustizia
Kindness	La gentilezza
Moderation	La moderazione
Responsibility	La responsabilità
Restraint	Il controllo

Negative values
I valori negativi

Selfishness is a negative value.	L'egoismo è un valore negativo.
Avarice	L'avarizia
Contempt for others	Il disprezzo degli altri
Deceitful behavior	L'inganno
Hypocrisy	L'ipocrisia
Jealousy	La gelosia

Per parlare un italiano autentico

Education improves one's chances of social mobility.	L'istruzione aumenta le possibilità di mobilità sociale.
The Italian president is elected for seven years.	Il presidente della Repubblica è eletto per sette anni.
He can be elected to a second term.	Il suo mandato è rinnovabile.

Proverbi, espressioni e citazioni

A good listener only needs a few words.	A buon intenditor poche parole.
Honesty and kindness surpass all beauty.	Onestà e gentilezza superano ogni bellezza.
With a little common sense, one could govern the world.	Con un po' di buon senso si governa il mondo.
Variety is the spice of life.	Il mondo è bello perché è vario.

"È pur bella la tolleranza delle opinioni."
    UGO FOSCOLO

"Nessuna qualità umana è più intollerabile nella vita ordinaria che l'intolleranza."
    GIACOMO LEOPARDI

"La situazione politica in Italia è grave, ma non è seria."
    ENNIO FLAIANO

"L'uomo è per natura un animale politico."
ARISTOTELE

"La più grande politica è essere onesti."
VOLTAIRE

"Ognuno ha tre vite: una vita pubblica, una vita privata e una vita segreta."
GABRIEL GARCÍA MÁRQUEZ

Esercizio 81

Complete each Italian phrase so that it expresses the meaning of the English phrase.

1. *a military dictatorship*   una _____ militare

2. *a welfare state*   uno stato _____

3. *freedom of movement*   la libertà di _____

4. *the rise in crime*   l'_____ della criminalità

5. *a bill (proposal for a law)*   un _____ di legge

6. *self-respect*   _____ proprio

7. *a tax loophole*   una _____ fiscale

8. *freedom of speech*   la libertà di _____

9. *Department of Labor*   il Ministero del _____

10. *air pollution*   l'inquinamento _____

11. *by secret ballot*   a _____ segreto

12. *climate change*   il _____ climatico

13. *Coast Guard*   la _____ costiera

14. *a town councilor*   un _____ comunale

15. *the prime minister*   il primo _____

16. *freedom of thought*   la libertà di _____

17. *an open mind*   una mente _____

18. *a bomber pilot*   un pilota di _____

19. *armed robbery*   una rapina _____

20. *noise pollution*   l'_____ acustico

Esercizio 82

Select the verb from the following list that forms an expression or phrase with each of the noun phrases that follow.

prendere	integrarsi	candidarsi	presentare	andare
fare	preoccuparsi	emendare	essere	contare

1. _____ una mozione di censura

2. _____ i voti

3. _____ della disoccupazione

4. _____ una decisione

5. _____ la costituzione

6. _____ alla presidenza

7. _____ alle urne

8. _____ il servizio militare

9. _____ alla società italiana

10. _____ in minoranza

Esercizio 83

Match each word in the first column with its antonym in the second column.

1. _____ dittatura   a. destra

2. _____ monarchia   b. inganno

3. _____ conservatorismo c. democrazia

4. _____ sinistra   d. contro

5. _____ soldato semplice e. repubblica

6. _____ per   f. progressismo

7. _____ avarizia   g. ufficiale

8. _____ onestà   h. generosità

Esercizio 84

Match each word in the first column with its synonym in the second column.

1. _____ traffico   a. suffragio universale
2. _____ presidente   b. tassa
3. _____ corte   c. rispetto di sé
4. _____ imposta   d. controllo
5. _____ sommossa   e. tratta
6. _____ diritto di voto   f. insurrezione
7. _____ moderazione   g. capo di stato
8. _____ amor proprio   h. potere giudiziario

Esercizio 85

Using the vocabulary in this chapter, discuss the following topics in Italian.

1. **Il governo.** Describe the type of government in your country. What are the different branches of government? What does each one do? What are elections like? What parties are there?

_____

_____

_____

_____

2. **La società.** What problems of society worry you the most? What should be done to solve them? What departments of government should be called upon in each case?

_____

_____

_____

_____

3. **Ammiro / Non ammiro...** What do you admire in people? What do you not like? What values do you think are important?

_____

_____

_____

_____

Esercizio 86

Translate the following sentences into Italian.

1. *In the congress, there is a senate and a house of representatives.*

   _____

   _____

2. *There are debates and the representatives propose bills.*

   _____

   _____

3. *The president is elected for four years and can be elected for a second term.*

   _____

   _____

4. *A good head of state knows that justice is important.*

   _____

   _____

5. *I did my military service. I served in the army.*

   _____

6. *The constitution guarantees freedom of opinion and freedom of the press.*

   _____

   _____

7. *She wants to vote for the Green Party.*

   _____

8. *We are worried about environmental pollution.*

   _____

9. *If you (voi) are old enough to vote, you can go to the polls.*

   _____

   _____

10. *We must come to a decision.*

    _____

14

La vita intellettuale e spirituale
Intellectual and spiritual life

This chapter presents vocabulary for talking about your intellectual pursuits, philosophy, religion, and the relationship between thought and language. You will be able to discuss your favorite books, as well as important existential questions.

Since all of the noun objects in the following section are used in the general sense, they are preceded by the definite article. No article is used with the nouns in the English sentences.

Reading	**La lettura**
I like to read <u>poetry</u>.	Mi piace leggere <u>la poesia</u>.
adventure novels	i romanzi d'avventura
children's literature	la letteratura per l'infanzia, la letteratura per ragazzi
comics, comic strips	i fumetti
detective novels	i romanzi polizieschi
e-magazines	le riviste online
fairy tales	le fiabe, le favole
the great works of world literature	le grandi opere della letteratura mondiale
historical novels	i romanzi storici
horror novels	i romanzi dell'orrore, i romanzi gotici
humorous books	i libri umoristici
masterpieces	i capolavori
mystery novels	i romanzi gialli, i gialli, i romanzi polizieschi
mythology	la mitologia
plays	le commedie
satire	le satire
science fiction	la fantascienza, i libri di fantascienza
short stories	i racconti
works of fiction	le opere di narrativa

I prefer to read nonfiction.	(Io) preferisco leggere <u>la saggistica</u>.
articles about current events	gli articoli di attualità, gli articoli di cronaca
autobiographies	le autobiografie
biographies	le biografie
cookbooks	i libri di cucina
editorials	gli editoriali, gli articoli di fondo
essays	i saggi
history books	i libri di storia
literary criticism	la critica letteraria
magazines	le riviste
newspapers	i giornali
professional journals	le riviste specializzate
reference books	i manuali
textbooks	i libri di testo, i libri scolastici
travel books	le guide di viaggio, le guide turistiche

The Italian expression **consigliare a qualcuno di fare qualcosa** means *to advise someone to do something.* The word representing the person advised is an indirect object.

I advise him to consult the dictionary.	(Io) gli consiglio di consultare <u>il dizionario</u>.
the almanac	l'almanacco
the anthology	l'antologia
the atlas	l'atlante [masc.]
the catalogue	il catalogo
the encyclopedia	l'enciclopedia
the guidebook	la guida (turistica)
the manual	il manuale
the paper, the essay	la tesina, il saggio
the report	la relazione
the thesaurus	il dizionario dei sinonimi e dei contrari
the thesis	la tesi
the treatise	il trattato

Literary genres and forms

comedy

drama

myth

novel

novella

poem

romance

satire

short story

speech

tragedy

tragicomedy

Elements of a literary work

I love the dialogue.

the antagonist

the characters

the description

the ending

the figures of speech

the imagery

the ironic tone, the irony

the literary/rhetorical devices

the metaphors

the narrative frame

the narrator

the outcome, the ending

the plot

the point of view

the protagonist, the main character

the similes

the story

the structure

the style

the theme

the tropes

I generi e le forme letterarie

la commedia

il dramma

il mito

il romanzo

la novella

il poema, la poesia

il romanzo d'amore, il romanzo rosa

la satira

il racconto

il discorso

la tragedia

la tragicommedia

Gli elementi di un'opera letteraria

(Io) amo il dialogo.

l'antagonista [masc./fem.]

il personaggi

la descrizione

il finale

le figure retoriche

le immagini

l'ironia

le tecniche letterarie

le metafore

la cornice narrativa

il narratore / la narratrice

l'epilogo, la conclusione

la trama, l'intreccio

il punto di vista

il/la protagonista

le similitudini

la storia

la struttura

lo stile

il tema

i tropi

The Italian expression **pensare di** means *to think of* in the sense of having an opinion about something. It should not be confused with **pensare a,** which means *to have in mind, to remember.*

What are you thinking about?	A che pensi?
I'm thinking about our trip.	Penso al nostro viaggio.

Men and women of letters

I letterati e le letterate

What do you think <u>of the man of letters</u>? Che pensi <u>del letterato</u>?

of the author	dell'autore / dell'autrice
of the biographer	del biografo / della biografa
of the essayist	del/della saggista
of the journalist	del/della giornalista
of the woman of letters	della letterata
of the novelist	del romanziere / della romanziera
of the playwright	del drammaturgo / della drammaturga
of the poet	del poeta / della poetessa
of the short story writer	dello scrittore di racconti (brevi) / della scrittrice di racconti (brevi)
of the writer	dello scrittore / della scrittrice

Intellectual pursuits

L'attività intellettuale

I love <u>to read</u>. (Io) amo <u>leggere</u>.

to attend lectures	andare/partecipare alle conferenze
to join a reading group/club	diventare membro di un gruppo di lettura, diventare membro di un club dei lettori, diventare membro di un circolo dei lettori
to listen to music	ascoltare la musica
to participate in workshops	partecipare a seminari, partecipare a workshop
to do research	fare ricerca
to study languages abroad	studiare lingue all'estero
to take classes at the university	seguire dei corsi all'università
to take classes online	seguire dei corsi online
to teach evening classes	insegnare corsi serali
to visit museums	visitare musei
to write poetry	scrivere poesie

There are often clues to the gender of nouns that do not end in **-o** or **-a**. Nouns ending in **-tà** are feminine. Most nouns borrowed from other languages are masculine: **il workshop.**

Philosophy	**La filosofia**
abstraction	l'astrazione [fem.]
aesthetics	l'estetismo
Aristotelianism	l'aristotelismo
causality	la causalità
concept	il concetto
cynicism	il cinismo
determinism	il determinismo
dialectics	la dialettica
empiricism	l'empirismo
epistemology	l'epistemologia
ethics	l'etica
existentialism	l'esistenzialismo
hedonism	l'edonismo
idealism	l'idealismo
irrationalism	l'irrazionalismo
knowledge	la conoscenza
logic	la logica
metaphysics	la metafisica
morality	la moralità, l'eticità [fem.]
nihilism	il nichilismo
Platonism	il platonismo
positivism	il positivismo
pragmatism	il pragmatismo
rationalism	il razionalismo
skepticism	lo scetticismo
solipsism	il solipsismo
spiritualism	lo spiritualismo
stoicism	lo stoicismo
transcendentalism	il trascendentalismo
utilitarianism	l'utilitarismo

A *philosophical approach* — Un approccio filosofico

cynical	cinico
ethical	etico
idealistic	idealista
logical	logico
metaphysical	metafisico
philosophical	filosofico
pragmatic	pragmatico
skeptical	scettico
stoical	stoico
utilitarian	utilitarista

The preposition **su** *on, about* contracts with the definite article as follows.

su + il   > sul
su + lo   > sullo
su + la   > sulla
su + l'   > sull'
su + i   > sui
su + gli > sugli
su + le   > sulle

Our *existential questions* — Le nostre domande esistenziali

What do we think about? — Su cosa riflettiamo?
We think about life. — (Noi) riflettiamo sulla vita.

about beauty	sulla bellezza
about concepts	sui concetti
about death	sulla morte
about evil	sul male
about fate	sul fato, sul destino
about free will	sul libero arbitrio
about the good	sul bene
about human existence	sull'esistenza umana
about ideas	sulle idee
about immortality	sull'immortalità
about the knowable	sul conoscibile, sullo scibile
about knowledge	sul sapere
about the mind	sulla mente
about mortality	sulla mortalità

>>>

about the mystery of life	sul mistero della vita
about perception	sulla percezione
about reality	sulla realtà
about reason	sulla ragione
about truth	sulla verità

to be, to exist	essere, esistere
to intuit	intuire
to perceive	percepire
to reason	ragionare
to reflect (on), to think (about), to ponder	riflettere (su)

Why are we here?	Perché esistiamo?
What is reality?	Cos'è la realtà?
What's the purpose of life?	Qual è lo scopo della vita?
We human beings try to understand the meaning of life.	Noi esseri umani cerchiamo di capire il senso/significato della vita.
We seek rational understanding of the world.	(Noi) cerchiamo la comprensione razionale del mondo.

Italian words ending in **-sione** and **-zione** are feminine.

Philosophy of language: How do we express our thoughts? | ### La filosofia del linguaggio: Come esprimiamo i nostri pensieri?

clause	la proposizione
communication	la comunicazione
expression	l'espressione [fem.]
grammar	la grammatica
letter	la lettera
lexicon	il lessico
meaning	il senso, il significato
phrase	la frase
semantics	la semantica
semiotics	la semiotica
sentence	la frase
vocabulary	il vocabolario
word	la parola

In Italian, many impersonal expressions, such as those conveying the idea of necessity, desire, compulsion, opinion, or emotion, are followed by clauses in which the verb is in the subjunctive. A common impersonal expression requiring the subjunctive is **bisogna che** *one must, it is necessary that*. The present subjunctive forms of **essere** *to be* are as follows: **che io sia, che tu sia, che lui/lei sia, che noi siamo, che voi siate, che loro siano.**

It's necessary that the language be clear.	Bisogna che il linguaggio sia <u>chiaro</u>.
comprehensible	comprensibile
correct	corretto
direct	diretto
eloquent	eloquente
expressive	espressivo
intelligible	intelligibile
precise	preciso
It's bad that the language is unclear.	Non è bene che il linguaggio sia <u>confuso</u>.
ambiguous	ambiguo
cryptic	enigmatico
incomprehensible	incomprensibile
unintelligible	inintelligibile
illiteracy	l'analfabetismo
literacy rate	il tasso di alfabetizzazione
We communicate by means of sounds, symbols, signs, and gestures.	(Noi) comunichiamo attraverso i suoni, i simboli, i segni e i gesti.
The meaning of the message is conveyed through context.	Il senso/significato del messaggio è espresso attraverso il contesto.
We try to grasp the subtleties of the language.	(Noi) cerchiamo di cogliere le sfumature del linguaggio.
The English writing system uses the letters of the Latin alphabet.	L'inglese scritto utilizza le lettere dell'alfabeto latino.

In Italian, the names of religions begin with lowercase letters, unlike English.

Religions and doctrines

Le religioni e le dottrine

agnosticism	l'agnosticismo
Anglicanism	l'anglicanesimo

anti-Semitism	l'antisemitismo
asceticism	l'ascetismo
atheism	l'ateismo
Baha'ism	il bahaismo
Buddhism	il buddismo
Catholicism	il cattolicesimo
Christianity (religion), Christendom	il cristianesimo, la cristianità
Confucianism	il confucianesimo
creationism	il creazionismo
deism	il deismo
ecumenism	l'ecumenismo
Episcopalianism	l'episcopalismo
fundamentalism	il fondamentalismo
Hinduism	l'induismo
humanism	l'umanismo
Islam	l'Islam [masc.]
Judaism	l'ebraismo
Lutheranism	il luteranesimo
Methodism	il metodismo
monasticism	il monachesimo
monotheism	il monoteismo
Mormonism	il mormonismo
mysticism	il misticismo
orthodoxy	l'ortodossia
paganism	il paganesimo
pantheism	il panteismo
polytheism	il politeismo
Protestantism	il protestantesimo
Quakerism	il quaccherismo
Shintoism	lo shintoismo
Taoism	il taoismo
theism	il teismo

People and religion   Le persone e la religione

archbishop	l'arcivescovo
atheist	l'ateo / l'atea, il/la non credente
Baptist	il/la battista
bishop	il vescovo
Buddhist	il/la buddista
Catholic (Roman Catholic)	il cattolico / la cattolica

clergy	il clero
congregant	il/la fedele
congregation	la congregazione
denomination	la confessione
heretic	l'eretico / l'eretica
imam	l'imam [masc.]
Jesus Christ	Gesù Cristo
Jew	l'ebreo/l'ebrea
minister	il ministro
missionary	il missionario / la missionaria
Mohammed	Maometto
monk	il monaco
Moses	Mosè
muezzin	il muezzin
mullah	il mullah
Muslim	il musulmano / la musulmana
nun	la suora, la sorella
pastor	il pastore
Pope	il Papa
preacher	il predicatore
priest	il prete, il parroco
Protestant	il/la protestante
rabbi	il rabbino
saint	il santo / la santa
sect	la setta

Rites and beliefs

I riti e le credenze

afterlife	l'aldilà [masc.]
angel	l'angelo
baptism	il battesimo
belief	la credenza, il credo
believer	il/la credente
the Bible	la Bibbia
cathedral	la cattedrale, il duomo
chapel	la cappella
charity	la carità
church	la chiesa
communion	la comunione
confession	la confessione
conscience	la coscienza

crescent moon and star (symbol of Islam)	la mezzaluna e la stella
cross	la croce
destiny	il destino
divine	divino/divina
dogma	il dogma
faith	la fede
forgiveness	il perdono
God	Dio
the Gospel	il Vangelo
hagiography	l'agiografia
heaven	il cielo, il paradiso
the Hebrew Bible	la Bibbia ebraica
hell	l'inferno
heresy	l'eresia
holy, sacred	sacro/sacra, santo/santa
the Holy Land, Palestine	la Terra Santa
the Holy Spirit	lo Spirito Santo
the Koran	il Corano
mass	la messa
miracle	il miracolo
mosque	la moschea
the New Testament	il Nuovo Testamento
the Old Testament	l'Antico Testamento
piety	la pietà
practicing, observant	osservante, praticante
prayer	la preghiera
prayer book	il libro di preghiere
psalm	il salmo
redemption	la redenzione
repentance	il pentimento, la contrizione
rosary	il rosario
sacrilege	il sacrilegio
sermon	il sermone
sin	il peccato
soul	l'anima
stained glass window	la vetrata
star of David	la stella di David
synagogue	la sinagoga
the Talmud	il Talmud
temple	il tempio

the Ten Commandments	i dieci comandamenti
theology	la teologia
Torah	la Torah
the Trinity	la Trinità
to baptize, to christen	battezzare
to believe	credere
to commit a sin	commettere un peccato
to confess	confessare
to pardon	perdonare
to practice (a religion)	praticare (una religione)
to pray	pregare
to repent	pentirsi
to sin	peccare
to take communion	ricevere la (santa) comunione
to worship God	adorare Dio

Judaism, Christianity, and Islam are monotheistic religions.

L'ebraismo, il cristianesimo e l'Islam sono religioni monoteiste.

They are known as Abrahamic religions because they trace their origin to the patriarch Abraham.

Sono conosciute come religioni abramitiche perché la loro origine risale al patriarca Abramo.

Per parlare un italiano autentico

moral of the story	la morale della storia
a myth (a false belief)	un falso mito, un mito da sfatare
once in a blue moon	a ogni morte di papa
to bear in mind	tenere presente
to change one's mind	cambiare idea
to make a long story short	per farla breve

Speak of the devil!

Parli del diavolo!

He gave me a lecture.

(Lui) mi ha fatto la ramanzina.

Philosophy and religion deal with existential questions—existence, God, good and evil.

La filosofia e la religione trattano questioni esistenziali: l'essere, Dio, il bene e il male.

For Aristotle, God is the Unmoved Mover or Prime Mover. He is the first Greek philosopher who conceives of God in the singular.

Per Aristotele, Dio è il motore immobile o il primo motore. Lui è il primo filosofo greco che concepisce Dio al singolare.

Dante's Divine Comedy *has three parts:*
  Hell, Purgatory, and Heaven.
May God bless you.

La *Divina Commedia* di Dante è divisa in tre parti:
  l'Inferno, il Purgatorio e il Paradiso.
Che Dio ti benedica.

Proverbi, espressioni e citazioni

Help yourself and Heaven will help you.
Hope is the last thing to die.
As told in the Gospel: little on Earth,
  much in Heaven.
There are plenty more fish in the sea.
  (*No one is indispensable.*)

Aiutati che Dio ti aiuta.
La speranza è l'ultima a morire.
Come è detto nel Vangelo: poco in terra, molto
  in cielo.
Morto un papa, se ne fa un altro.

"Penso, dunque sono."
  RENATO CARTESIO

"Non perdete mai il vostro entusiasmo infantile per tutto il viaggio che è la vita."
  FEDERICO FELLINI

"Questa è la parte più bella di tutta la letteratura: scoprire che i tuoi desideri sono desideri
universali, che non sei solo o isolato da nessuno. Tu appartieni."
  F. SCOTT FITZGERALD

"Lo sai—domandò Peter—perché le rondini fanno il nido sotto le grondaie? Per ascoltare le fiabe."
  J. M. BARRIE

"Un giorno sarai grande abbastanza per ricominciare a leggere le fiabe."
  C. S. LEWIS

"Ognuno ha una favola dentro che non riesce a leggere da solo. Ha bisogno di qualcuno che,
con la meraviglia e l'incanto negli occhi, la legga e gliela racconti."
  PABLO NERUDA

"Chi non legge, a 70 anni avrà vissuto una sola vita: la propria. Chi legge avrà vissuto 5000 anni:
c'era quando Caino uccise Abele, quando Renzo sposò Lucia, quando Leopardi ammirava l'infinito...
perché la lettura è un'immortalità all'indietro."
  UMBERTO ECO

"Chi non ama la solitudine non ama la libertà, perché non si è liberi che essendo soli."
  ARTHUR SCHOPENHAUER

"Chi non stima la vita, non la merita."
  LEONARDO DA VINCI

"Non sono un uccello; e non c'è rete che possa intrappolarmi: sono una creatura umana libera, con una libera volontà."

CHARLOTTE BRONTË

"Ho molti problemi nella mia vita, ma le mie labbra non lo sanno. Sorridono sempre."

CHARLIE CHAPLIN

"Non importa chi tu sia o da dove tu venga, puoi sempre cambiare, diventare una versione migliore di te stesso."

MADONNA

"Essere o non essere, questo è il dilemma."

WILLIAM SHAKESPEARE

"Tutte le religioni conducono allo stesso Dio, e meritano il medesimo rispetto."

PAULO COELHO

"Penso che ognuno di noi si costruisca un paradiso o un inferno su questa terra, e il materiale usato è ciò di cui sono fatte le nostre vite."

RAY CAESAR

"Non prendere la vita troppo sul serio—non potrai mai uscirne vivo."

ELBERT HUBBARD

"Non arrenderti. Non per meno della gioia."

MARIO LUZI

"Tutto quello che vediamo, quel che sembriamo, non è che un sogno dentro un sogno."

EDGAR ALLAN POE

"Si muore tutte le sere e si rinasce tutte le mattine. E tra le due cose c'è il mondo dei sogni."

HENRI CARTIER-BRESSON

Esercizio 87

Complete each Italian phrase so that it expresses the meaning of the English phrase.

1. *a mystery novel*   un _____ giallo

2. *a cookbook*   un libro _____

3. *free will*   il libero _____

4. *point of view*   il _____ di vista

5. *the meaning of life*   il _____ della vita

6. *the subtleties of the language*   le _____ del linguaggio

7. *the Latin alphabet*   l'_____ latino

8. *the narrative frame*   la _____ narrativa

9. *this prayer book*   questo libro _____

10. *the Holy Land*   la _____ Santa

11. *to take courses*   _____ dei corsi

12. *the monotheistic religions*   le _____ monoteiste

13. *to do research*   fare _____

14. *figures of speech*   le figure _____

15. *good and evil*   il bene e _____

16. *the Prime Mover*   il primo _____

17. *a reading group*   un _____ di lettura

18. *the New Testament*   il Nuovo _____

19. *a romantic novel*   un _____ d'amore

20. *textbook*   il libro _____

Esercizio 88

Match each item in the first column with the item in the second column that is related to it.

1. _____ il politeismo   a. la *Divina Commedia*

2. _____ ateo   b. il Vaticano

3. _____ agiografia   c. credere in un solo dio

4. _____ la Trinità   d. credere in molti dei

5. _____ il Papa   e. la vita dei santi

6. _____ uomo del clero musulmano   f. setta protestante

7. _____ Dante   g. patriarca ebreo

8. _____ il monoteismo   h. il Padre, il Figlio e lo Spirito Santo

9. _____ il luteranesimo   i. imam

10. _____ Abramo   j. non credente

Esercizio 89

Choose the word or phrase that does not belong in each group.

1. a. romanzo   b. racconto   c. dizionario   d. poesia   e. novella

2. a. chiesa   b. sinagoga   c. moschea   d. cattedrale   e. vetrata

3. a. deismo   b. analfabetismo   c. politeismo   d. teismo   e. monoteismo

4. a. monaco   b. vescovo   c. poeta   d. papa   e. prete

5. a. ateo   b. ebreo   c. cattolico   d. buddista   e. protestante

6. a. antagonista   b. epilogo   c. personaggio   d. trama   e. peccato

7. a. il paradiso   b. la proposizione   c. l'inferno   d. l'aldilà   e. il purgatorio

8. a. metafisico   b. logico   c. epistemologico   d. almanacco   e. estetico

Esercizio 90

Select the verb that correctly completes each sentence.

1. Il contesto _____ il senso del messaggio. (pratica / esprime)

2. Lo studente _____ in Italia. (fa ricerca / prega)

3. Che Dio ti _____. (percepisca / benedica)

4. I religiosi _____ sul bene e sul male. (riflettono / credono)

5. I fedeli _____ Dio. (adorano / perdonano)

6. Lei _____ i suoi peccati davanti al prete. (confessa / prega)

7. Quali religioni si _____ in questo paese? (pregano / praticano)

8. Quel professore _____ dei corsi serali. (insegna / scrive)

9. Il bambino _____ la comunione. (riceve / visita)

10. Molti scrittori _____ a questo seminario. (leggono / partecipano)

Esercizio 91

Give the noun phrase (definite article + noun) found in this chapter that is related to each of the following verbs.

1. comprendere _____

2. perdonare _____

3. significare _____

4. pregare   _____

5. ragionare   _____

6. confessare   _____

7. finire   _____

8. battezzare   _____

9. credere   _____

10. esistere   _____

11. peccare   _____

12. descrivere   _____

13. criticare   _____

14. vivere   _____

15. percepire   _____

Esercizio 92

Unscramble the letters in each item to create a word found in this chapter.

1. eterttraula   _____

2. aeiatrprc   _____

3. clalppea   _____

4. ilaogonat   _____

5. imnegcatoi   _____

6. oazrnmo   _____

7. regiolsoi   _____

8. uaosr   _____

9. cepaerc   _____

10. agsnagio   _____

Esercizio 93

Respond in Italian as specified for each of the following situations.

1. Analyze a book you have read, identifying its genre and talking about the author and the literary elements in the work. Tell why you liked the work.

  _____

  _____

  _____

  _____

  _____

  _____

2. Describe one of the philosophies mentioned in the chapter, and tell why it interests you.

_____

_____

_____

_____

_____

_____

3. Discuss your religion, how you practice it, and its significance in your life. If you do not practice a religion, explain why you choose not to.

_____

_____

_____

_____

_____

_____

Esercizio 94

Translate the following sentences into Italian.

1. *The priest, the bishop, and the archbishop are in the cathedral.*

_____

_____

2. *The members of the book club love to read historical novels and short stories.*

_____

_____

3. *We participated in a poetry workshop together with famous poets.*

_____

_____

4. *This author's language is ambiguous and incomprehensible.*

_____

_____

5. *He has a pragmatic and cynical point of view.*

_____

6. *Many human beings think about the mystery of life and try to understand the purpose of existence.*

_____

_____

7. *I hope they can get the subtleties of the speech.*

_____

8. *Lutheranism and Methodism are denominations of Protestantism.*

_____

_____

9. The Divine Comedy *was written in Italian.*

_____

10. *In many novels there are protagonists and antagonists.*

_____

15

Il mondo: la natura e la scienza

The world: nature and science

In this chapter, you will learn the Italian terms for the sciences and mathematics, the innovators and the scientists. You will also be introduced to the natural world through the names of animals and plants. The vocabulary you learn will enable you to talk about the greatest discoveries and inventions of humankind.

There are many **parole affini** *cognates* in this chapter, most of them international words shared by English and Italian that are formed from Greek and Latin roots, for example, the suffixes **-logia** *-logy* (**biologia** *biology*) and **-grafia** *-graphy* (**geografia** *geography*).

The gender of words for nearly all the sciences (as well as the word **la scienza** *science*) is feminine. In scientific terms ending in **-ia**, the stress falls on the **i**.

l'anatomia
l'anestesia
la biologia
la psicologia
la zoologia

In scientific terms ending in **-ica**, the stress falls on the syllable before **-ica**.

la fisica
la chimica
la botanica
l'informatica
la logica

Physical sciences	**Le scienze fisiche**
We should study astronomy.	(Noi) dovremmo studiare l'astronomia.
chemistry	la chimica
geography	la geografia
geology	la geologia

>>>

| meteorology | la meteorologia |
| physics | la fisica |

Biological sciences / Le scienze biologiche

I'm studying <u>biology</u>. — (Io) studio <u>biologia</u>.

anatomy	anatomia
biochemistry	biochimica
botany	botanica
medicine	medicina
paleontology	paleontologia
physiology	fisiologia
psychology	psicologia
zoology	zoologia

Engineering and technical sciences / L'ingegneria e le scienze informatiche

He's interested in <u>biotechnology</u>. — (Lui) si interessa di <u>biotecnologia</u>.

aeronautics	aeronautica
astronautics	astronautica
biomedical engineering	ingegneria biomedica
chemical engineering	ingegneria chimica
chronometry	cronometria
cognitive science	scienze cognitive
computer science	informatica
earth sciences	scienze della terra
ecology	ecologia
electrical engineering	ingegneria elettrica
environmental sciences	scienze ambientali
geoscience	geoscienze
mechanical engineering	ingegneria meccanica
microscopy	microscopia
radiology	radiologia
robotics	robotica
systems	sistemi

Italian nouns ending in **-i** do not change their form in the plural.

Singular	Plural
l'analisi	le analisi
l'ipotesi	le ipotesi

Scientific terms ending in **-isi** are feminine.

Scientific research	**La ricerca scientifica**
analysis	l'analisi [fem.]
classification	la classificazione
conclusion	la conclusione
control	il controllo
data	i dati
discovery	la scoperta
empirical-analytical method	il metodo empirico-analitico
experiment	l'esperimento
formula	la formula
hypothesis	l'ipotesi [fem.]
laboratory	il laboratorio
observation	l'osservazione [fem.]
proof	la prova
quantification	la quantificazione
result	il risultato
scientific method	il metodo scientifico
theory	la teoria
test	l'esame [masc.], l'analisi [fem.]
to analyze	analizzare
to classify	classificare
to conclude	concludere
to control	controllare, verificare
to discover	scoprire
to experience	sperimentare
to experiment, to test	sperimentare, testare, verificare
to formulate	formulare
to hypothesize	formulare un'ipotesi, ipotizzare (che)
to observe	osservare
to prove	dimostrare
to quantify	quantificare

to research something	fare ricerca su qualcosa
to work as a team	lavorare in équipe, lavorare in team

Mathematics — La matematica

accounting	la contabilità
addition	l'addizione [fem.]
algebra	l'algebra
angle	l'angolo
area	l'area, la superficie
arithmetic	l'aritmetica
calculus	il calcolo
digital	numerico/numerica
dimension	la dimensione
division	la divisione
econometrics	l'econometria
equation	l'equazione [fem.]
Euclidean geometry	la geometria euclidea
an even number	un numero pari
form	la forma
fraction	la frazione
function	la funzione
geometry	la geometria
hypotenuse	l'ipotenusa
infinity	l'infinito
logic	la logica
minus sign (−)	il segno meno
multiplication	la moltiplicazione
multiplication table	la tabella della moltiplicazione
a negative number	un numero negativo
number	il numero, la cifra
an odd number	un numero dispari
operation	l'operazione [fem.]
percentage	la percentuale
plus sign (+)	il segno più
probability	la probabilità
problem	il problema
proof (*mathematics*)	la dimostrazione
ratio	il rapporto, la proporzione
shape	la forma
solution	la soluzione

statistics	la statistica
subtraction	la sottrazione
symbol	il simbolo
theorem	il teorema
trigonometry	la trigonometria
zero	lo zero
to add	addizionare, fare l'addizione, sommare
to calculate, to work out	calcolare
to divide	dividere, fare la divisione
to measure	misurare
to multiply	moltiplicare, fare la moltiplicazione
to reason	ragionare
to solve	risolvere
to subtract	sottrarre, fare la sottrazione

Shapes

Le forme

circle	il cerchio
helix	l'elica, la spirale
rectangle	il rettangolo
sphere	la sfera
spiral	la spirale
square	il quadrato
triangle	il triangolo

Physics, chemistry, and biology

La fisica, la chimica e la biologia

acid	l'acido
atom	l'atomo
base	la base
catalyst	il catalizzatore
cell	la cellula
chaos theory	la teoria del caos
chemical equation	l'equazione chimica [un'equazione]
compound	il composto
condensation	la condensazione
element	l'elemento
energy	l'energia
gas	il gas
germ	il germe, il microbo
law of conservation of energy	la legge della conservazione dell'energia

law of conservation of matter	la legge della conservazione della massa
law of gravity	la legge di gravitazione
liquid	il liquido
mass	la massa
matter	la materia
microorganism	il microrganismo
molecule	la molecola
nucleus	il nucleo
organism	l'organismo
periodic table	la tavola periodica (degli elementi)
solid	il solido
symbol	il simbolo
water	l'acqua
H_2O (two atoms of hydrogen + one atom of oxygen)	H_2O (due atomi di idrogeno più un atomo di ossigeno)

Inventions and discoveries

Le invenzioni e le scoperte

abacus	l'abaco
alphabet	l'alfabeto
analgesics, painkillers	gli analgesici, gli antidolorifici
anesthesia	l'anestesia
aspirin	l'aspirina
battery	la pila
calendar	il calendario
cast iron	la ghisa
clock	l'orologio
compass	la bussola
computer	il computer
dynamite	la dinamite
electric motor	il motore elettrico
electricity	l'elettricità [fem.]
eyeglasses	gli occhiali
fiber optics	la fibra ottica
genetics	la genetica
germ theory	la teoria dei germi
germs	i microbi, i germi, i batteri
internal combustion engine	il motore a combustione interna
lightbulb	la lampadina
lightning rod	il parafulmine
microscope	il microscopio

natural gas (fuel)	il gas naturale, il metano
nuclear fission	la fissione nucleare
paper	la carta
pasteurization	la pastorizzazione
penicillin	la penicillina
phonograph	il fonografo
printing press	la stampa
quantum mechanics	la meccanica quantistica
radiography	la radiografia
radium (chemical element)	il radio
sewing machine	la macchina da cucire
steam engine	il motore a vapore
steamboat	il battello a vapore
stethoscope	lo stetoscopio
telegraph	il telegrafo
telephone	il telefono
telescope	il telescopio
theory of electromagnetism	la teoria dell'elettromagnetismo
theory of relativity	la teoria della relatività
thermometer	il termometro
toilet	il WC
vaccine (against smallpox, polio, etc.)	il vaccino (contro il vaiolo, la poliomielite ecc.)
wheel	la ruota
writing	la scrittura
zero	lo zero

Innovators and scientists
Gli innovatori e gli scienziati

archaeologist	l'archeologo/l'archeologa
biochemist	il biochimico / la biochimica
biologist	il biologo / la biologa
botanist	il botanico / la botanica
chemical engineer	l'ingegnere chimico [un ingegnere; also fem.: un ingegnere]
chemist	il chimico / la chimica
computer scientist	l'informatico/l'informatica
discoverer	lo scopritore / la scopritrice

L'ingegnere, il fisico, and **il filosofo** are grammatically masculine even when they refer to women.

---

geneticist	il/la genetista
inventor	l'inventore/l'inventrice
mathematician	il matematico / la matematica
microbiologist	il microbiologo / la microbiologa
naturalist	il/la naturalista
nuclear physicist	il fisico nucleare [also fem.: il fisico]
paleontologist	il paleontologo / la paleontologa
pathologist	il patologo / la patologa
philosopher	il filosofo [also fem.: il filosofo]
physicist	il fisico [also fem.: il fisico]
researcher	il ricercatore / la ricercatrice
thinker	il pensatore / la pensatrice

Geography and topography

La geografia e la topografia

altitude	l'altitudine [fem.]
archipelago	l'arcipelago
area	la regione, la zona
cape	il capo, il promontorio
climate	il clima
desert	il deserto
elevation	l'altitudine [fem.]
forest	la foresta
grass	l'erba
gulf	il golfo
hill	la collina
island	l'isola
jungle	la giungla
lake	il lago
land	la terra
latitude	la latitudine
longitude	la longitudine
mesa	la mesa
mountain	la montagna
mountain range	la catena di montagne
nature	la natura
ocean	l'oceano
peak	la cima, la sommità, la vetta
peninsula	la penisola
plain	la pianura

plateau	l'altopiano
rainforest	la foresta tropicale
river	il fiume
sea	il mare
tableland	il tavolato
terrain	il terreno
valley	la valle, la vallata
waterfall	la cascata

The solar system

Il sistema solare

asteroid	l'asteroide [masc.]
center of gravity	il centro di gravità
comet	la cometa
Earth	la Terra
eclipse	l'eclissi [fem.], l'eclisse [fem.]
galaxy	la galassia
meteor	la meteora
meteorite	il/la meteorite
Milky Way	la Via Lattea
moon	la luna
orbit	l'orbita
planet	il pianeta
planets (from closest to the Sun)	i pianeti (dal più vicino al sole)
Mercury	Mercurio
Venus	Venere
Earth	la Terra
Mars	Marte
Jupiter	Giove
Saturn	Saturno
Uranus	Urano
Neptune	Nettuno
satellite	il satellite
sun	il sole
star	la stella
universe	l'universo

The Earth revolves around the sun.	La Terra ruota intorno al sole.
The Earth rotates on its axis.	La Terra ruota intorno al suo asse.
Pluto is a dwarf planet.	Plutone è un pianeta nano.

The verb **chiedersi** *to wonder* is a pronominal verb, that is, it appears with an object pronoun that refers to the subject: **mi chiedo, ti chiedi, si chiede,** etc. **Chiedersi** is often followed by a subordinate clause with **se** *if, whether* and a subjunctive verb form.

Social sciences

I wonder if they study economics.
    anthropology
    history
    linguistics
    political science
    sociology

Le scienze sociali

(Io) mi chiedo se studino economia.
    antropologia
    storia
    linguistica
    scienze politiche
    sociologia

In Italian, many names of trees are masculine, while their fruit is usually feminine.

Trees, plants, and flowers

acorn
almond tree
apple tree
azalea
bark
birch tree
bougainvillea
branch
bud
bulb
bush
carnation
cedar tree
cherry tree
chestnut tree
cyclamen
cypress tree
daffodil
dahlia
daisy
dandelion

Gli alberi, le piante e i fiori

la ghianda
il mandorlo
il melo
l'azalea
la corteccia
la betulla
la bougainvillea
il ramo
il germoglio, il bocciolo
il bulbo
il cespuglio
il garofano
il cedro
il ciliegio
il castagno
il ciclamino
il cipresso
la giunchiglia
la dalia
la margherita
il dente di leone

date palm tree	la palma da datteri
elm tree	l'olmo
eucalyptus	l'eucalipto
fern	la felce
fig tree	il fico
forget-me-not	il nontiscordardimé
garden	il giardino
geranium	il geranio
gladiolus	il gladiolo
grass	l'erba
hyacinth	il giacinto
hydrangea	l'ortensia
iris	l'iris [masc.], il giaggiolo
jasmine	il gelsomino
leaf	la foglia
lemon tree	il limone
lilac	il lillà
lily	il giglio
lily of the valley	il mughetto
linden tree	il tiglio
magnolia	la magnolia
maple tree	l'acero
mimosa tree	la mimosa
mushroom	il fungo
narcissus	il narciso
oak tree	la quercia
olive tree	l'olivo
orchid	l'orchidea
palm tree	la palma
peach tree	il pesco
pear tree	il pero
petal	il petalo
pine cone	la pigna
pine tree	il pino
poplar	il pioppo
poppy	il papavero
root	la radice
rose	la rosa
seed	il seme
sequoia	la sequoia

stem	lo stelo, il gambo
sunflower	il girasole
thorn	la spina
treetop	la cima dell'albero
trunk	il tronco
tulip	il tulipano
vegetable garden	l'orto
vegetation	la vegetazione, il verde
violet	la viola
weeds	le erbacce
weeping willow	il salice piangente
wisteria	il glicine

Domestic and farm animals
Gli animali domestici e gli animali da fattoria

bull	il toro
cat	il gatto
chicken	il pollo
cow	la mucca
dog	il cane
donkey	l'asino
duck	l'anatra
goat	la capra
goose	l'oca
hare	la lepre
hen	la gallina
horse	il cavallo
lamb	l'agnello
pig	il maiale
rabbit	il coniglio
rooster	il gallo
sheep	la pecora
turkey	il tacchino

Insects
Gli insetti

ant	la formica
bee	l'ape [fem.]
beetle	lo scarabeo
bumblebee	il bombo
butterfly	la farfalla

cockroach	la blatta
cricket	il grillo
dragonfly	la libellula
firefly	la lucciola
flea	la pulce
fly	la mosca
grasshopper	la cavalletta
hornet	il calabrone
ladybug	la coccinella
mosquito	la zanzara
spider	il ragno
tick	la zecca
wasp	la vespa

Wild animals | ## Gli animali selvaggi

alpaca	l'alpaca [masc.]
anteater	il formichiere
bear	l'orso
bison	il bisonte
buffalo	il bufalo, il bisonte
camel	il cammello
cheetah	il ghepardo
chimpanzee	lo scimpanzé
cougar	il puma
coyote	il coyote
deer	il cervo
elephant	l'elefante [masc.]
fox	la volpe
gazelle	la gazzella
giraffe	la giraffa
gorilla	il gorilla
grizzly bear	l'orso grizzly, l'orso grigio
hippopotamus	l'ippopotamo
hyena	la iena
jaguar	il giaguaro
kangaroo	il canguro
koala	il koala
leopard	il leopardo
lion	il leone

llama	il lama
monkey	la scimmia
orangutan	l'orangutango
panda	il panda
panther	la pantera
polar bear	l'orso polare, l'orso bianco
raccoon	il procione
rhinoceros	il rinoceronte
seal	la foca
skunk	la puzzola
tiger	la tigre
walrus	il tricheco
weasel	la donnola
wildcat, lynx	la lince
wolf	il lupo
zebra	la zebra

Birds, rodents, fish, and reptiles — I volatili, i roditori, i pesci e i rettili

alligator	l'alligatore [masc.]
barracuda	il barracuda
bat	il pipistrello
beaver	il castoro
blackbird	il merlo
boa constrictor	il boa constrictor
cardinal	il cardinale rosso
cobra	il cobra
condor	il condor
crocodile	il coccodrillo
crow	il corvo
dolphin	il delfino
dove, pigeon	la colomba, il piccione
eagle	l'aquila
falcon	il falcone
flamingo	il fenicottero
frog	la rana
goldfinch	il cardellino
guinea pig	il porcellino d'India
hamster	il criceto
hawk	il falco
hedgehog	il riccio

hummingbird	il colibrì
killer whale	l'orca
lizard	la lucertola
mouse	il topo
ostrich	lo struzzo
owl	il gufo, la civetta
parrot	il pappagallo
peacock	il pavone
pelican	il pellicano
penguin	il pinguino
porcupine	l'istrice [masc.]
python	il pitone
quail	la quaglia
rat	il ratto
rattlesnake	il serpente a sonagli
robin	il pettirosso
salmon	il salmone
scorpion	lo scorpione
shark	lo squalo
snake	il serpente
sparrow	il passero
squirrel	lo scoiattolo
swallow	la rondine
swan	il cigno
swordfish	il pesce spada
toad	il rospo
toucan	il tucano
tuna	il tonno
turtle	la tartaruga
viper	la vipera
vulture	l'avvoltoio
whale	la balena
woodpecker	il picchio

Paleontology

La paleontologia

carnivore	il carnivoro
carnivorous	carnivoro
dinosaur	il dinosauro
extinct	estinto
fossil	il fossile

fossil remains	i resti fossili
herbivore	l'erbivoro
herbivorous	erbivoro
omnivore	l'onnivoro
omnivorous	onnivoro
paleontologist	il paleontologo / la paleontologa
skeleton	lo scheletro
the Stone Age	l'età della pietra [un'età]
trace, remains	i resti
tracks	le impronte
Tyrannosaurus Rex	il tirannosauro

Per parlare un italiano autentico

fit as a fiddle	sano come un pesce
from hero to zero	dalle stelle alle stalle
pitifully alone	solo come un cane
a scapegoat	un capro espiatorio
to be able to keep a secret	essere muto come un pesce
to be asocial	essere un orso
to be born under a lucky star	essere nato sotto una buona stella
to be full of strange ideas	avere grilli per la testa
to be ignorant	essere un asino
to be/feel like a fish out of water	essere/sentirsi come un pesce fuor d'acqua
to feel as fresh as a daisy	sentirsi fresco/fresca come una rosa
to fight like cats and dogs	essere come cane e gatto
to go to sleep very early	andare a letto con le galline
to be grossly deceived by appearances	prendere lucciole per lanterne
to have goose bumps	avere la pelle d'oca
to instill a suspicion	mettere una pulce nell'orecchio
to kill two birds with one stone	prendere due piccioni con una fava
to refuse to face reality	fare lo struzzo
to settle something once and for all	tagliare la testa al toro
to show off	fare il pavone
to swallow a bitter pill	ingoiare un rospo
to take the bull by the horns	prendere il toro per le corna
to tell the truth in order to relieve one's conscience	sputare il rospo

Literature is my forte.	La letteratura è il mio cavallo di battaglia.
Good luck!, Break a leg!	In bocca al lupo!
Thank you!	Crepi (il lupo)!
I had a very high fever last night.	Ieri notte avevo una febbre da cavallo.
You can hear a pin drop.	Non si sente volare una mosca.
I'm starving!	(Io) ho una fame da lupo!
It's a dog's life!	Che vita da cani!
He couldn't hurt a fly.	(Lui) non farebbe del male a una mosca.
Don't hold your breath.	Campa cavallo che l'erba cresce.
There's something fishy about this.	Qui gatta ci cova.
There were very few people at the party.	C'erano quattro gatti alla festa.
The weather is horrible.	Fa un tempo da cani.
We try to understand the world around us.	(Noi) cerchiamo di capire/comprendere il mondo intorno a noi.
We human beings try to discover shapes and patterns in nature.	Noi esseri umani cerchiamo di scoprire forme e motivi in natura.
The English naturalist Charles Darwin developed the theory of evolution by natural selection in nature.	Il naturalista inglese Charles Darwin ha sviluppato la teoria dell'evoluzione basata sull'idea della selezione naturale in natura.
The blue whale is an endangered species.	La balenottera azzurra è una specie a rischio di estinzione.

Proverbi, espressioni e citazioni

Barking dogs don't bite.	Can che abbaia non morde.
A bird in the hand is worth two in the bush.	Meglio un uovo oggi che una gallina domani.
The one who brings flowers, brings love.	Chi porta fiori, porta amore.
Don't look a gift horse in the mouth.	A caval donato non si guarda in bocca.
The good die young.	L'erba cattiva non muore mai.
The grass is always greener on the other side.	L'erba del vicino è sempre più verde.
Haste makes waste.	La gatta frettolosa fa i gattini ciechi.
Stick to your own kind.	Moglie e buoi dei paesi tuoi.
One swallow doesn't make a summer.	Una rondine non fa primavera.
When the cat's away, the mice will play.	Quando il gatto non c'è, i topi ballano.

"La matematica è l'alfabeto con il quale Dio ha scritto l'universo."

GALILEO GALILEI

"Il sole è nuovo ogni giorno."

ERACLITO

"L'amore che muove il sole e le altre stelle."

DANTE ALIGHIERI

"Ci sono notti in cui i lupi stanno in silenzio e ulula solo la luna."

GEORGE CARLIN

"Mi domando se le stelle sono illuminate perché ognuno possa un giorno trovare la sua."

ANTOINE DE SAINT-EXUPÉRY

"Non riesco a ricordare i giorni. La luce del sole confondeva e disperdeva ogni colore. Ma le notti, quelle sì che le ricordo. Ogni notte era diversa."

MARGUERITE DURAS

"Un cavallo, forte, potente, bello, è la proiezione dei sogni che la gente fa di se stessa, e ci permette di fuggire dalla nostra esistenza quotidiana."

PAM BROWN

"Tra tutti gli animali l'uomo è il più crudele. È l'unico a infliggere dolore per il piacere di farlo."

MARK TWAIN

"Proteggere gli animali contro la crudeltà degli uomini, dar loro da mangiare se hanno fame, da bere se hanno sete; correre in loro aiuto se estenuati dalle fatiche, questa è la virtù più bella del forte verso il debole."

GIUSEPPE GARIBALDI

"Il tempo trascorso con i gatti non è mai sprecato."

SIGMUND FREUD

"È il tempo che tu hai perduto per la tua rosa che ha reso la tua rosa così importante."

ANTOINE DE SAINT-EXUPÉRY

"La sapienza è figlia dell'esperienza."

LEONARDO DA VINCI

"Non è la specie più forte che sopravvive né la più intelligente ma quella più ricettiva ai cambiamenti."

CHARLES DARWIN

"Un matematico è un cieco in una stanza buia che cerca un gatto nero che non è lì."

CHARLES DARWIN

"L'immaginazione è più importante del sapere."

ALBERT EINSTEIN

"C'è una forza motrice più forte del vapore, dell'elettricità e dell'energia atomica: la volontà."
 ALBERT EINSTEIN

"Ricordati che il miglior medico è la natura: guarisce i due terzi delle malattie e non parla male dei colleghi."
 LOUIS PASTEUR

"Baratterei tutta la mia tecnologia per passare una serata con Socrate."
 STEVE JOBS

Esercizio 95

Complete each Italian phrase so that it expresses the meaning of the English phrase.

1. *steamboat*   il battello _____

2. *the empirical-analytical method*   il _____ empirico-analitico

3. *an odd number*   un numero _____

4. *the Milky Way*   la Via _____

5. *guinea pigs*   i _____ d'India

6. *the conservation of energy*   la conservazione dell'_____

7. *treetop*   la _____ dell'albero

8. *periodic table*   la _____ periodica

9. *weeping willow*   il salice _____

10. *fossil remains*   i _____ fossili

11. *nuclear fission*   la _____ nucleare

12. *a rattlesnake*   un _____ a sonagli

13. *an even number*   un numero _____

14. *the Stone Age*   l'età della _____

15. *human beings*   gli _____ umani

16. *The Earth revolves around the Sun.*   La Terra _____ intorno al sole.

17. *the law of gravity*   la _____ di gravitazione

18. *environmental sciences*   le scienze _____

19. *sewing machine*   la macchina _____

20. *an endangered species*   una specie a rischio di _____

Esercizio 96

Match each item in the first column with the item in the second column that is related to it.

1. _____ la pastorizzazione   a. i fossili

2. _____ sette   b. l'energia nucleare

3. _____ la paleontologia   c. un albero

4. _____ l'idrogeno e l'ossigeno   d. le piante

5. _____ gli atomi   e. una fattoria

6. _____ la botanica   f. numero dispari

7. _____ Mercurio   g. microbi

8. _____ l'ipotenusa   h. acqua

9. _____ i rami e il tronco   i. il pianeta più vicino al sole

10. _____ i polli e i maiali   j. l'angolo

Esercizio 97

Choose the word or phrase that does not belong in each group.

1. a. zebra   b. scimmia   c. ghepardo   d. fungo   e. giraffa   f. leone

2. a. gufo   b. giacinto   c. falco   d. aquila   e. corvo   f. fenicottero

3. a. sottrazione   b. divisione   c. addizione   d. moltiplicazione   e. zero   f. bussola

4. a. mughetto   b. tulipano   c. merlo   d. margherita   e. narciso   f. giglio

5. a. deserto   b. viola   c. fiume   d. collina   e. montagna   f. valle

6. a. oca   b. gravità   c. cometa   d. luna   e. eclissi   f. stella

7. a. formica   b. ape   c. ragno   d. vespa   e. lucertola   f. farfalla

8. a. olmo   b. cipresso   c. pino   d. toro   e. cedro   f. tiglio

9. a. pecora   b. mucca   c. balena   d. capra   e. agnello   f. cavallo

10. a. picchio   b. pesce spada   c. squalo   d. barracuda   e. delfino   f. orca

Esercizio 98

Give the noun phrase (definite article + noun) found in this chapter that is related to each of the following verbs.

1. analizzare   _____
2. classificare   _____
3. controllare   _____
4. scoprire   _____
5. sperimentare   _____
6. formulare   _____
7. quantificare   _____
8. addizionare   _____
9. sottrarre   _____
10. moltiplicare   _____
11. ipotizzare   _____
12. osservare   _____
13. concludere   _____
14. dividere   _____
15. calcolare   _____

Esercizio 99

Unscramble the letters in each item to create a word for flora or fauna found in this chapter.

1. fguo   _____
2. lcvatateal   _____
3. oefldin   _____
4. gtota   _____
5. iiegcln   _____
6. gasrolei   _____
7. foci   _____
8. saro   _____
9. lletropipis   _____
10. ncicloceal   _____

Esercizio 100

Choose a field—biology, botany, chemistry, geography, paleontology, physics, or zoology—and describe in Italian what you do; where you work; what you research, analyze, quantify, or classify; what methods you use; and what experiments you carry out. State three questions you hope to answer through your research.

_____

_____

_____

_____

_____

_____

_____

_____

_____

_____

Esercizio 101

This chapter listed many of the greatest inventions and discoveries, but this list is hardly exhaustive. What would you add to this list? In Italian, list ten or more inventions and/or discoveries you consider important. Identify as many innovators as you can.

_____

_____

_____

_____

_____

_____

_____

_____

_____

Esercizio 102

Translate the following sentences into Italian.

1. *The researchers use the scientific method to test their hypotheses.*

   _____

   _____

2. *The biochemist does the experiment and observes and analyzes the results in order to arrive at a conclusion.*

   _____

   _____

3. *The children already know how to add and subtract and are now learning to multiply and divide.*

   _____

   _____

4. *The team of microbiologists and pathologists is researching microorganisms.*

   _____

   _____

5. *On the topographical map you (tu) see the terrain: plains, valleys, and mountains.*

   _____

   _____

6. *The planets closest to the sun are Mercury, Venus, and Earth.*

   _____

   _____

7. *The paleontologists find fossils and dinosaur tracks.*

   _____

   _____

8. *The theory of evolution is based on the idea of natural selection.*

   _____

   _____

9. *The Indian elephant is an endangered species.*

   _____

10. *There are many maple, oak, elm, and poplar trees all around us.*

_____

_____

11. *We are bringing tulips, lilies, and carnations from our garden.*

_____

_____

12. *If we go on a safari* (fare un safari), *we can see lions, giraffes, chimpanzees, zebras, leopards, and rhinoceroses.*

_____

_____

13. *Do you* (voi) *have horses, sheep, and goats on the farm?*

_____

14. *Thomas Alva Edison invented the lightbulb, the phonograph, and the alkaline* (alcalina) *battery.*

_____

_____

Appendix

Cardinal numbers

0	zero	31	trentuno	113	centotredici
1	un, uno, una, un'	32	trentadue	120	centoventi
2	due	33	trentatré	121	centoventuno
3	tre	34	trentaquattro	122	centoventidue
4	quattro	35	trentacinque	123	centoventitré
5	cinque	36	trentasei	200	duecento
6	sei	37	trentasette	245	duecentoquarantacinque
7	sette	38	trentotto	678	seicentosettantotto
8	otto	39	trentanove	999	novecentonovantanove
9	nove	40	quaranta	1.000	mille
10	dieci	41	quarantuno	1.001	milleuno
11	undici	42	quarantadue	1.002	milledue
12	dodici	43	quarantatré	1.003	milletré
13	tredici	50	cinquanta	1.055	millecinquantacinque
14	quattordici	60	sessanta	1.100	millecento
15	quindici	70	settanta	1.286	milleduecentottantasei
16	sedici	80	ottanta	1.853	milleottocentocinquantatré
17	diciassette	90	novanta	2.000	duemila
18	diciotto	100	cento	2.345	duemilatrecentoquarantacinque
19	diciannove	101	centouno	3.000	tremila
20	venti	102	centodue	4.000	quattromila
21	ventuno	103	centotré	5.000	cinquemila
22	ventidue	104	centoquattro	10.000	diecimila
23	ventitré	105	centocinque	40.000	quarantamila
24	ventiquattro	106	centosei	50.972	cinquantamilanovecentosettantadue
25	venticinque	107	centosette	100.000	centomila
26	ventisei	108	centootto	392.628	trecentonovantaduemilaseicentoventotto
27	ventisette	109	centonove	1.000.000	un milione
28	ventotto	110	centodieci	2.000.000	due milioni
29	ventinove	111	centoundici	1.000.000.000	un miliardo
30	trenta	112	centododici	2.000.000.000	due miliardi

Ordinal numbers

first	primo	*thirteenth*	tredicesimo
second	secondo	*fourteenth*	quattordicesimo
third	terzo	*twentieth*	ventesimo
fourth	quarto	*twenty-first*	ventunesimo
fifth	quinto	*twenty-second*	ventiduesimo
sixth	sesto	*twenty-third*	ventitreesimo
seventh	settimo	*twenty-sixth*	ventiseiesimo
eighth	ottavo	*one hundredth*	centesimo
ninth	nono	*six hundred fiftieth*	seicentocinquantesimo
tenth	decimo	*thousandth*	millesimo
eleventh	undicesimo	*millionth*	milionesimo
twelfth	dodicesimo		

Notes

- Italian numbers are written out as one word with no spaces between the elements.
- The numbers **venti, trenta, quaranta, cinquanta, sessanta, settanta, ottanta,** and **novanta** drop final -a before **uno** and **otto.**

41	quarantuno
78	settantotto

- The word **e** *and* is often used between **cento** and another number: **cento e uno** *one hundred (and) one.*
- **Cento** and **mille** are never preceded by **uno;** compare English *one hundred, one thousand.*
- The number **mille** *one thousand* has the plural form **mila: due mila** *two thousand.*
- In writing numbers, the functions of the period and comma are the opposite of English. The period (or sometimes a space) is used to separate thousands.

6.450	seimilaquattrocentocinquanta
500 000	cinquecentomila

  The comma is used for decimals: 2,5.

- Ordinal numbers are adjectives and agree in gender and number with the noun they modify.

the third week	la terza settimana
the twenty-second floor	il ventiduesimo piano

- The word **ennesimo** is used as an indefinite ordinal, similar to English *umpteenth.*

I've told you for the umpteenth time.	Te l'ho detto per l'ennesima volta.

Answer key

Exercice 1

1. una boutique, un negozio di abbigliamento da donna   2. una cartoleria   3. un negozio di animali
4. un negozio di frutta (e verdura)   5. un bar   6. una farmacia   7. una profumeria   8. un ottico, un'ottica
9. una tabaccheria   10. una macelleria   11. un negozio di articoli per ufficio, un negozio di informatica
12. un fioraio   13. una pescheria   14. una cartoleria   15. una libreria   16. un panificio, un forno
17. una gelateria   18. un'enoteca   19. un negozio di ferramenta   20. un negozio di telefonia

Esercizio 2

1. f   2. i   3. b   4. g   5. j   6. c   7. e   8. a   9. d   10. h

Esercizio 3

Answers will vary.

Esercizio 4

Answers will vary.

Esercizio 5

1. a   2. c   3. a   4. b   5. c   6. a   7. b   8. a

Esercizio 6

1. c   2. d   3. b   4. a   5. a   6. d   7. b   8. c

Esercizio 7

1. Dov'è il negozio d'informatica?   2. Il negozio d'informatica è qui vicino.   3. C'è un negozio di articoli sportivi qui vicino?   4. Voglio comprare uno zaino.   5. Che cosa c'è nel portafoglio?   6. Ci sono dei soldi/contanti e una patente di guida.   7. Ci sono dei documenti nella valigetta.   8. Ci sono musei in città.

Esercizio 8

1. c   2. a   3. h   4. f   5. j   6. i   7. d   8. g   9. b   10. e

Esercizio 9

1. c   2. a   3. d   4. b   5. d   6. a   7. c   8. d   9. b   10. c

Esercizio 10

1. b   2. g   3. e   4. a   5. h   6. d   7. c   8. f

Esercizio 11

1. camicia   2. anello   3. maglia   4. collana   5. vestito   6. borsa   7. bracciale   8. orologio

Esercizio 12

Answers will vary.

Esercizio 13

1. Devo comprare un paio di scarpe.   2. Vendono cravatte di seta?   3. Cerco un completo in/di lana grigio.
4. Preferisco una cravatta.   5. Voglio comprare un cappotto celeste con cintura.   6. Questa cravatta non si intona / non sta bene con la camicia verde.   7. Mi piace la collana di perle.   8. Quei pantaloni gli stanno bene.
9. Mi piacciono questi orecchini d'oro.   10. (Lei) porta/indossa un maglione rosso a collo alto.   11. Andiamo a guardare le vetrine.   12. Tutto l'abbigliamento firmato / di marca è in saldo/svendita.

Esercizio 14

Frutta   albicocche, banane, ciliegie, more, pompelmi
Carne   agnello, cinghiale, maiale, manzo, vitello
Pesce   anguilla, aragosta, polpo, salmone, tonno
Pollame   anatra, oca, pollo, quaglia, tacchino
Spezie   cannella, noce moscata, pepe, timo, vaniglia

Esercizio 15

1. al cioccolato   2. acqua   3. arrosto   4. integrale   5. olio   6. integrale   7. sparecchiare   8. bevanda
9. calda   10. di mele

Esercizio 16

1. piacciono   2. piace   3. piacciono   4. piace   5. piacciono   6. piace   7. piace   8. piacciono   9. piace
10. piace

Esercizio 17

Answers will vary.

Esercizio 18

1. c   2. b   3. d   4. a   5. b   6. d   7. a   8. c   9. b   10. d

Esercizio 19

1. (Noi) ordiniamo un vino rosso con la bistecca.   2. Le spezie danno sapore al cibo.   3. (Lei) mangia come un uccellino/grillo perché è a dieta.   4. (Lei) è molto onesta. Dice pane al pane e vino al vino.   5. Il pollo è molto buono!   6. Per dolce, ordino la crostata di mele.   7. È ora di cena.   8. Vuoi assaggiare i ravioli?   9. Questo piatto è piccante ma gustoso/saporito.   10. Amo / Mi piacciono molto le patate.   11. Il salmone è squisito.
12. Hai allergie alimentari?

Esercizio 20

1. j   2. c   3. i   4. h   5. a   6. f   7. e   8. d   9. g   10. b

Esercizio 21

1. b   2. d   3. a   4. c   5. b   6. d   7. a   8. c   9. d   10. b

Esercizio 22

1. degli ospiti   2. da letto   3. apparecchi   4. vino   5. carta   6. un bicchiere   7. una perdita   8. di fumo
9. da barba   10. un forno   11. una casa   12. un macina

Esercizio 23

Answers will vary.

Esercizio 24

1. una teiera 2. un asciugamano 3. una serra 4. un martello 5. un pennello 6. uno sturalavandini
7. una tenda 8. un cacciavite

Esercizio 25

1. C'è una perdita d'acqua in soffitta. 2. Mi servono una chiave inglese e un cacciavite. 3. La tua casa
è accogliente e silenziosa. 4. C'è un barattolo di pillole nell'armadietto. 5. Le stampelle/grucce sono
nell'armadio. 6. La luce è andata via. La lampadina è scoppiata. 7. Quella casa è di pietra. 8. Il portasale
è sulla tavola. 9. La camera da letto principale è a destra. 10. Devo ancora comprare una cassettiera.

Esercizio 26

1. classificatore 2. in banca 3. indesiderata 4. conto 5. della vita 6. di cambio 7. siti web
8. pubblicitaria 9. di diritto 10. i bassi 11. mercato 12. deposito

Esercizio 27

1. c 2. a 3. d 4. b 5. c 6. d 7. b 8. a 9. c 10. d

Esercizio 28

L'ufficio agenda, scrivania, spillatrice, fotocopiatrice, penna
Il computer schermo, sito, videoscrittura, tastiera, disco rigido
Il commercio marca, costo, prodotto, campione, pubblicità
La banca assegno, estratto conto, prestito, conto corrente, soldi
La borsa investimento, azione, titoli, azionista, mercato mondiale

Esercizio 29

1. fare 2. comporre 3. aumentare 4. prelevare 5. creare 6. navigare 7. lanciare 8. installare

Esercizio 30

1. e 2. j 3. i 4. g 5. a 6. d 7. h 8. b 9. f 10. c

Esercizio 31

Answers will vary.

Esercizio 32

1. (Tu) devi salvare tutti i file. 2. (Noi) lanceremo la nostra campagna pubblicitaria sui social media.
3. Gli azionisti devono fare attenzione agli alti e ai bassi della borsa. 4. Il governo aumenterà le tasse.
5. Il commercio elettronico/online è importante per la crescita dell'azienda. 6. La nostra agenzia lancerà una
campagna pubblicitaria per questo prodotto. 7. Non ci sono molti soldi / Non c'è molto denaro nel nostro
conto deposito. 8. L'amministratore delegato e i consulenti sono appena andati via. 9. L'azienda rimane in
contatto con i consumatori. 10. (Io) voglio assumere un designer di siti web.

Esercizio 33

1. diretto / senza scalo 2. Che tempo 3. Ho fatto 4. vicino al corridoio 5. una tempesta 6. è decollato
7. a mano 8. bar 9. balneare 10. estenuante 11. il nuoto 12. di andata e ritorno 13. spese 14. a giocare
a tennis 15. temperato e secco 16. spedire il bagaglio 17. a luglio 18. venerdì 19. della gioventù
20. a cavallo

Esercizio 34

Answers will vary.

Esercizio 35

Answers will vary.

Esercizio 36

Answers will vary.

Esercizio 37

1. atterra   2. andare   3. giocare a   4. seguire   5. praticare   6. fare   7. fa   8. allacciate   9. prendere
10. annullare

Esercizio 38

1. la neve   2. la pioggia   3. la grandine   4. il viaggio   5. l'arrivo   6. la partenza   7. la passeggiata   8. la visita
9. il gioco   10. l'atterraggio   11. il decollo   12. la pesca

Esercizio 39

1. hotel   2. crociera   3. acquazzone   4. domenica   5. bricolage   6. disegnare   7. viaggiare   8. temperatura
9. primavera   10. stancante

Esercizio 40

1. (Tu) devi fare le valigie.   2. Ecco la mia carta d'imbarco e il mio passaporto.   3. L'aereo è atterrato, ma
è in ritardo.   4. (Noi) abbiamo fatto un viaggio meraviglioso.   5. Quando sono a Roma, mi piace fare un giro
turistico.   6. Fa brutto tempo oggi. C'è vento e grandina.   7. (Noi) andiamo a fare la fila in biglietteria e
compriamo un biglietto di andata e ritorno.   8. (Loro) vogliono giocare a scacchi.   9. (Io) voglio passare le
vacanze in montagna o in campagna.   10. Nel mio tempo libero, mi piace andare in campeggio e pescare.

Esercizio 41

1. seguire   2. iscriversi   3. prescolastica   4. slogarsi   5. prendere   6. per capelli   7. a lezione   8. le relazioni
9. borsa di studio   10. Scienze Sociali   11. titolo   12. Giurisprudenza   13. sposarsi   14. le unghie   15. superare

Esercizio 42

1. c   2. g   3. e   4. h   5. b   6. a   7. d   8. f

Esercizio 43

1. d   2. f   3. h   4. c   5. g   6. b   7. a   8. e

Esercizio 44

1. tagliarsi   2. lavarsi   3. preoccuparsi   4. sposarsi   5. prendere buoni voti   6. sbrigarsi   7. mettersi   8. leggere
9. svegliarsi   10. sedersi

Esercizio 45

Answers will vary.

Esercizio 46

1. (Io) mi interesso di biologia e chimica.   2. (Tu) devi lavarti i denti prima di andare a letto.   3. Gli studenti
devono consegnare le relazioni domani.   4. Non bisogna/occorre innervosirsi. Bisogna/occorre rilassarsi.
5. I maestri si arrabbiano se gli allievi marinano la scuola.   6. Lei vuole laurearsi in Belle Arti.   7. Loro si
lamentano di tutto.   8. Quel professore è molto benvoluto e molto rispettato.   9. Molti studenti sono assenti
oggi.   10. Bisogna/Occorre fare attenzione per non farsi male.

Esercizio 47

1. del giudizio 2. soccorso 3. raffreddore 4. una puntura 5. di schiena 6. interdentale 7. bilanciata/equilibrata 8. per la tosse 9. uno scopo 10. ingessata 11. il naso 12. di famiglia 13. La famiglia 14. Mi fanno male 15. Mi sento

Esercizio 48

1. avere 2. slogarsi 3. fare 4. subire 5. bere 6. misurare 7. vaccinare 8. scrivere 9. guardare 10. mantenere 11. praticare 12. sciacquarsi 13. guarire 14. essere

Esercizio 49

1. l 2. h 3. e 4. a 5. j 6. k 7. g 8. b 9. f 10. c 11. i 12. d

Esercizio 50

Answers will vary.

Esercizio 51

1. chirurgo 2. placca 3. iniezione 4. antibiotico 5. sedativo 6. oculista 7. raffreddore 8. gastroenterite 9. otturazione 10. ginecologo

Esercizio 52

1. (Io) ho un appuntamento con il medico di famiglia. 2. (Io) prendo delle aspirine per il dolore. 3. Il paziente soffre di una malattia infettiva. 4. Il medico mi ha dato delle medicine per il raffreddore. 5. (Lui) ha uno sfogo (cutaneo) sul viso. 6. (Io) non mi sento bene. Non ho energie e sto perdendo peso. 7. (Io) devo fare un prelievo del sangue. 8. (Lei) si è rotta il gomito e ha il braccio ingessato. 9. Il dentista deve estrarre un dente del giudizio. 10. I feriti sono molto gravi e sono in rianimazione.

Esercizio 53

1. mia cugina 2. il mio bisnonno 3. mio fratello 4. mia nuora 5. mio zio 6. mio cognato 7. mia suocera 8. mio genero 9. maggiore 10. minore

Esercizio 54

1. antonyms 2. antonyms 3. antonyms 4. synonyms 5. antonyms 6. antonyms 7. antonyms 8. synonyms 9. antonyms 10. synonyms

Esercizio 55

1. mia zia 2. mia cugina 3. mio marito 4. mia figlia adottiva 5. il vedovo 6. mia nonna 7. la mia figlioccia 8. il mio padrino 9. mia nuora 10. mio cognato

Esercizio 56

1. bisnonno 2. divorziato 3. bambino 4. signora 5. felice 6. affascinante 7. matrimonio 8. egoista 9. pensione 10. parenti

Esercizio 57

Answers will vary.

Esercizio 58

Answers will vary.

Esercizio 59

1. I fratelli si somigliano come due gocce d'acqua. 2. Il suo fidanzato è laborioso e intelligente. 3. (Noi) invitiamo tutti i nostri parenti al matrimonio. 4. (Lei) mi ha presentato i suoi figliocci. 5. (Io) vorrei conoscere i tuoi genitori. 6. (Lei) è nata con la camicia. 7. I suoi cugini sono cattivi e insopportabili. 8. Mio cugino è un uomo casa e famiglia. 9. È una famiglia molto ospitale. 10. (Lui) è un bell'uomo, ma è molto vanitoso.

Esercizio 60

1. capolavoro 2. in punto / precise 3. direttore 4. di strada 5. applausi 6. bis 7. mondiale 8. di successo 9. la metà 10. in scena 11. suonare 12. durante 13. mattina 14. costume 15. a olio 16. schizzo 17. la galleria 18. morta 19. una lezione 20. disponibili

Esercizio 61

1. dirigere 2. andare 3. doppiare 4. recitare 5. vincere 6. mettere 7. vedere 8. ballare

Esercizio 62

1. botteghino 2. paesaggista 3. strumento 4. pittura 5. tavolozza 6. disegno 7. fotografia 8. personaggio 9. drammaturgo 10. protagonista 11. cinefilo 12. censura

Esercizio 63

1. l'orchestra 2. la galleria 3. la ceramica 4. il prodigio 5. il monologo 6. la tragedia 7. la melodia 8. il/la protagonista 9. il concerto 10. la chitarra 11. il teatro 12. il dialogo 13. il curatore / la curatrice 14. il documentario 15. il fotografo

Esercizio 64

Answers will vary.

Esercizio 65

1. la recensione 2. il ballo 3. la stampa 4. il doppiaggio 5. la distribuzione 6. l'interprete 7. il finale 8. il film 9. il produttore / la produttrice 10. il curatore / la curatrice 11. il dipinto 12. il disegno

Esercizio 66

1. (Io) so suonare il clarinetto. 2. (Io) voglio prendere lezioni di piano. 3. (Lui) è un pittore paesaggista. 4. (Noi) vorremmo prendere i biglietti per il concerto. 5. A che ora inizia il film? 6. Questo commerciante d'arte ha molti dipinti astratti. 7. Questo musicista suona a orecchio. 8. Il violino è uno strumento a corde. 9. Gli attori hanno ricevuto molti applausi. 10. (Io) vado a vedere un'opera teatrale verso la fine del mese. 11. William Bouguereau è il mio pittore preferito. 12. Mia sorella ama cantare e ballare.

Esercizio 67

1. immobiliare 2. di volo 3. assicurazione 4. pensione 5. designer 6. a tempo pieno 7. assistente 8. studio 9. cambio 10. tredicesima 11. domanda 12. formare 13. consulente 14. salario 15. sciopero

Esercizio 68

1. artista 2. postino 3. maestra 4. azienda 5. fabbrica 6. pensione 7. sciopero 8. assicurazione 9. impiegato 10. stilista 11. colf 12. disoccupazione

Esercizio 69

1. l 2. j 3. f 4. g 5. b 6. i 7. h 8. c 9. e 10. a 11. k 12. d

Esercizio 70

Answers will vary.

Esercizio 71

1. guadagna 2. parla 3. impara 4. è 5. firma 6. percepisci 7. assume 8. lavora 9. cerca 10. insegna
11. si annoia 12. riceve

Esercizio 72

1. (Lei) fa domanda d'impiego e si prepara per il colloquio. 2. (Lui) studia il giapponese perché va in Giappone. 3. (Io) cerco lavoro in una galleria d'arte. 4. (Lui) percepisce un buono stipendio e anche l'assicurazione medica. 5. (Lei) è albanese e parla l'albanese e l'italiano. 6. (Lui) è disoccupato. 7. (Lei) lavora in un aeroporto ma si annoia al lavoro. 8. Se l'azienda non firma il contratto collettivo, gli operai fanno sciopero. 9. Il direttore vuole assumere un contabile/ragioniere e due segretarie/segretari. 10. Gli operai chiedono vacanze pagate e l'assicurazione per l'invalidità.

Esercizio 73

1. della bandiera 2. dei veterani 3. del ringraziamento 4. Lunedì 5. di lavoro 6. natalizio 7. della sposa
8. prima 9. anello 10. la messa 11. spegnere 12. beneficenza 13. albero 14. Vigilia 15. addio
16. il viaggio 17. Ceneri 18. d'artificio 19. fede 20. chiusura

Esercizio 74

1. f 2. c 3. h 4. a 5. j 6. b 7. d 8. i 9. e 10. g

Esercizio 75

1. fare 2. Organizziamo 3. fa 4. esprimi 5. lanciare 6. cade 7. divertirsi 8. sposarsi 9. spegnere
10. imbucarsi

Esercizio 76

1. Capodanno, il giorno di Martin Luther King 2. il giorno dei Presidenti, San Valentino 3. il giorno di San Patrizio 4. la festa della mamma 5. la festa del papà, il giorno della bandiera 6. il giorno dell'indipendenza
7. la festa del lavoro 8. il giorno di Cristoforo Colombo, la festa di Halloween 9. il giorno dei veterani, il giorno del ringraziamento 10. Natale

Esercizio 77

1. agosto 2. marzo o aprile 3. maggio 4. maggio 5. giugno 6. novembre 7. gennaio 8. aprile

Esercizio 78

1. d 2. h 3. f 4. b 5. g 6. e 7. c 8. a

Esercizio 79

Answers will vary.

Esercizio 80

1. Giovanna ha diciotto anni. 2. Il suo compleanno cade di domenica. 3. Alla festa (lei) spegne le candeline sulla torta. 4. Gli invitati hanno dei regali per lei. 5. (Loro) vogliono che veniamo all'evento di beneficenza.
6. In bocca al lupo! 7. (Noi) passiamo le vacanze di Pasqua con i nostri amici a Viterbo. 8. (Io) voglio passare le vacanze di Natale in Australia. 9. (Noi) invitiamo i nostri amici alla cena di Natale. 10. Per il giorno dell'indipendenza ci sono parate con carri e fuochi d'artificio.

Esercizio 81

1. dittatura 2. sociale 3. movimento/circolazione 4. aumento 5. progetto 6. amor 7. nicchia 8. parola
9. lavoro 10. atmosferico 11. scrutinio 12. cambiamento 13. guardia 14. consigliere 15. ministro
16. pensiero 17. aperta 18. bombardieri 19. a mano armata 20. inquinamento

Esercizio 82

1. presentare 2. contare 3. preoccuparsi 4. prendere 5. emendare 6. candidarsi 7. andare 8. fare
9. integrarsi 10. essere

Esercizio 83

1. c 2. e 3. f 4. a 5. g 6. d 7. h 8. b

Esercizio 84

1. e 2. g 3. h 4. b 5. f 6. a 7. d 8. c

Esercizio 85

Answers will vary.

Esercizio 86

1. Nel congresso c'è un senato e una camera dei deputati. 2. Ci sono dibattiti e i deputati propongono progetti di legge. 3. Il presidente è eletto per quattro anni e il suo mandato è rinnovabile. 4. Un buon capo di Stato sa che la giustizia è importante. 5. (Io) ho fatto il servizio militare. Ho prestato servizio nell'esercito.
6. La costituzione garantisce libertà di opinione e libertà di stampa. 7. (Lei) vuole votare per il partito verde.
8. (Noi) siamo preoccupati per l'inquinamento ambientale. 9. Se avete l'età minima per votare, potete andare alle urne. 10. (Noi) dobbiamo prendere una decisione.

Esercizio 87

1. romanzo 2. di cucina 3. arbitrio 4. punto 5. senso/significato 6. sfumature 7. alfabeto 8. cornice
9. di preghiere 10. Terra 11. seguire 12. religioni 13. ricerca 14. retoriche 15. il male 16. motore
17. gruppo 18. Testamento 19. romanzo 20. di testo / scolastico

Esercizio 88

1. d 2. j 3. e 4. h 5. b 6. i 7. a 8. c 9. f 10. g

Esercizio 89

1. c 2. e 3. b 4. c 5. a 6. e 7. b 8. d

Esercizio 90

1. esprime 2. fa ricerca 3. benedica 4. riflettono 5. adorano 6. confessa 7. praticano 8. insegna
9. riceve 10. partecipano

Esercizio 91

1. la comprensione 2. il perdono 3. il significato 4. la preghiera 5. la ragione 6. la confessione
7. la fine, il finale 8. il battesimo 9. la credenza, il credo 10. l'esistenza 11. il peccato 12. la descrizione
13. la critica 14. la vita 15. la percezione

Esercizio 92

1. letteratura 2. praticare 3. cappella 4. antologia 5. enigmatico 6. romanzo 7. religioso 8. suora
9. peccare 10. sinagoga

Esercizio 93

Answers will vary.

Esercizio 94

1. Il prete/parroco, il vescovo e l'arcivescovo sono nella cattedrale / nel duomo. 2. I membri del gruppo di lettura / del club dei lettori / del circolo dei lettori amano leggere romanzi storici e racconti. 3. (Noi) abbiamo partecipato a un seminario di poesia insieme a poeti celebri. 4. Il linguaggio di questo autore / questa autrice è ambiguo e incomprensibile. 5. (Lui) ha un punto di vista pragmatico e cinico. 6. Molti esseri umani riflettono sul mistero della vita e cercano di comprendere il senso/significato dell'esistenza. 7. (Io) spero che possano cogliere le sfumature del discorso. 8. Il luteranesimo e il metodismo sono denominazioni del protestantesimo. 9. La *Divina Commedia* è stata scritta in italiano. 10. In molti romanzi ci sono protagonisti e antagonisti.

Esercizio 95

1. a vapore 2. metodo 3. dispari 4. Lattea 5. porcellini 6. energia 7. cima 8. tavola 9. piangente 10. resti 11. fissione 12. serpente 13. pari 14. pietra 15. esseri 16. ruota 17. legge 18. ambientali 19. da cucire 20. estinzione

Esercizio 96

1. g 2. f 3. a 4. h 5. b 6. d 7. i 8. j 9. c 10. e

Esercizio 97

1. d 2. b 3. f 4. c 5. b 6. a 7. e 8. d 9. c 10. a

Esercizio 98

1. l'analisi 2. la classificazione 3. il controllo 4. la scoperta 5. l'esperimento 6. la formula 7. la quantificazione 8. l'addizione 9. la sottrazione 10. la moltiplicazione 11. l'ipotesi 12. l'osservazione 13. la conclusione 14. la divisione 15. il calcolo

Esercizio 99

1. gufo 2. cavalletta 3. delfino 4. gatto 5. glicine 6. girasole 7. fico 8. rosa 9. pipistrello 10. coccinella

Esercizio 100

Answers will vary.

Esercizio 101

Answers will vary.

Esercizio 102

1. I ricercatori utilizzano il metodo scientifico per verificare le loro ipotesi. 2. Il biochimico fa l'esperimento e osserva e analizza i risultati per arrivare a una conclusione. 3. I bambini sanno già fare l'addizione / addizionare e la sottrazione / sottrarre e ora imparano a fare la moltiplicazione / moltiplicare e la divisione / dividere. 4. L'équipe / Il team di microbiologi e patologi fa ricerca sui microrganismi. 5. Sulla carta topografica (tu) vedi / si vede il terreno: le pianure, le vallate/valli e le montagne. 6. I pianeti più vicini al sole sono Mercurio, Venere e la Terra. 7. I paleontologi trovano fossili e impronte di dinosauri. 8. La teoria dell'evoluzione è basata sull'idea della selezione naturale. 9. L'elefante indiano è una specie a rischio di estinzione. 10. Ci sono molti aceri, querce, olmi e pioppi intorno a noi. 11. (Noi) portiamo tulipani, gigli e garofani dal nostro giardino. 12. Se (noi) facciamo un safari, (noi) possiamo vedere i leoni, le giraffe, gli scimpanzé, le zebre, i leopardi e i rinoceronti. 13. Avete cavalli, pecore e capre nella fattoria? 14. Thomas Alva Edison ha inventato la lampadina, il fonografo e la batteria alcalina.

About the authors

David M. Stillman, PhD, is a well-known writer of foreign language textbooks, reference books, and multimedia courses. He is president of Mediatheque Publishers Services, a leader in the development of foreign language instructional materials. He holds a PhD in Spanish linguistics from the University of Illinois, and has taught and coordinated foreign language programs at Boston University, Harvard University, and Cornell University. He is on the faculty of The College of New Jersey, where he teaches French, Spanish, Italian, and linguistics, and coordinates an innovative program of student-led conversation practice. He is a frequent presenter at national and regional conventions of language educators, has consulted on states' K–12 academic standards for world languages, and has been appointed to national committees devoted to the improvement of teacher training.

Tiziano Cherubini, MA, is an instructor of Italian and a PhD candidate in Italian at Rutgers University, New Brunswick, NJ. He holds a laurea in foreign languages and literatures from the Università della Tuscia, Viterbo, Italy and an MA in Italian literature from the University of Virginia, Charlottesville. He has taught extensively in colleges, universities, and private institutions, both in Italy and in the United States. More recently, he has taught Italian in an innovative online course based at Rutgers. He is also a frequent presenter at academic conferences on Italian language and literature.

Ronni L. Gordon, PhD, is a prominent author of foreign language textbooks, reference books, and multimedia courses. She is vice president of Mediatheque Publishers Services, a leader in the development of foreign language instructional materials. She holds a PhD in Spanish language and Spanish and Spanish American literature from Rutgers University, and has taught and coordinated Spanish language programs and taught Latin American literature at Harvard University, Boston University, and Drexel University. A foreign language consultant, she has read for the National Endowment for the Humanities, presented at the United States Department of Education, consulted on states' K–12 academic standards for world languages, and presented at conferences on Spanish American literature and foreign language instruction. She is an associate scholar of a Philadelphia-based think tank and is chairman of the board of directors of Dolce Suono Ensemble.

David M. Stillman and Ronni L. Gordon are the authors of the acclaimed *The Ultimate Spanish Review and Practice* and *The Ultimate French Review and Practice*.